TÁCTICA DE FÚTBOL

Plantillas
para que redactes tus entrenamientos

Antonio Wanceulen Ferrer

El uso genérico del masculino en la redacción de esta obra, no tiene otra pretensión que la de hacer su lectura más fluida, bajo un criterio de total respeto a la igualdad entre las personas.

Título:
TÁCTICA DE FÚTBOL
Plantillas para que redactes tus entrenamientos

Autor:
Antonio Wanceulen Ferrer

Editorial: WANCEULEN, S.L.
Sello Editorial: WANCEULEN EDITORIAL DEPORTIVA
Colección: WANCEULEN FÚTBOL FORMATIVO

I.S.B.N. (Papel): 978-84-9993-371-9

Dep. Legal:

Web: www.wanceulen.com
Email: info@wanceuleneditorial.com
C/. Cristo del Desamparo y Abandono, 56 41006 SEVILLA

Primera Edición: Año 2016

ÍNDICE

Introducción
"Cuaderno para el entrenador de fútbol",
un medio de ayuda para redactar ejercicios 7

I. Táctica Defensiva:
Plantillas para ejercicios de entrenamiento
de la organización defensiva (1 a 26) 9
1. Acciones de táctica defensiva
Marcaje, repliegue, basculaciones, coberturas,
permutas, presión defensiva, temporizaciones 9
2. Plantillas para ejercicios de entrenamiento
de la organización defensiva (1 a 26) 10
a) Mejorar la organización defensiva (1 a 6) 13
b) Reducción de espacios y densidad ofensiva (7 y 8) 19
c) Recuperación del balón (9 A 20) 21
d) Protección de la zona de finalización (21 a 26) 33

II. Táctica ofensiva: Plantillas para ejercicios
de entrenamiento de las acciones ofensivas (27 a 46) 39
1. Acciones de táctica ofensiva 39
Desmarques, desdoblamientos, cambios de ritmo,
cambios de orientación, ataques, contraataques,
ayudas permanentes.
2. Plantillas para ejercicios de entrenamiento
de las acciones ofensivas (27 a 46) 41
a) Desmarques de apoyo y de ruptura (27 a 30) 43
b) Desdoblamientos (31 y 32) 45
c) Cambios de ritmo (33 y 34) 47
d) Cambios de orientación (35 a 36) 49
e) Ataque directo y ataque combinativo (37 a 40) 51
f) Contraataque directo y contraataque combinativo (41 a 44) 55
g) Ayudas permanentes 59

III. Transiciones de ataque y defensa
plantillas para ejercicios de entrenamiento (47 a 54) 61

1. De ataque a defensa (47 a 50)........ 62
2. La presión ofensiva y sus objetivos (51 y 52)........ 66
3. De defensa a ataque (53 y 54)........ 69

IV. SIstemas de juego básicos y algunas de sus variantes (55 a 60)........ 73
1. La posición de los jugadores en un sistema básico de juego con 3 defensas: 1-3-4-3........ 74
2. Un ejemplo de variante del sistema básico 1-3-4-3: el sistema 1-3-1-3-3........ 75
3. La posición de los jugadores en un sistema básico de juego con 4 defensas: 1-4-4-2........ 76
4. Un ejemplo de variante del sistema básico 1-4-4-2: el sistema 1-4-1-3-2........ 77
5. La posición de los jugadores en un sistema básico de juego con 5 defensas: 1-5-3-2........ 78
6. Un ejemplo de variante del sistema básico 1-5-3-1-1: el sistema 1-5-3-2........ 79

V. Ejemplos para uso de plantillas........ 81

VI. Otras plantillas/tipo para aplicar a la redacción de ejercicios........ 91
- 10 Para entrenamiento en circuito.
- 10 Campo completo.
- 5 Espacio para juegos de 8 jugadores
- 5 Espacio para juegos de 10 jugadores
- 5 Espacio para juegos de 12/14 jugadores
- 5 Espacio para juegos de 6 jugadores
- 10 Medio-campo

Bibliografía........ 143

INTRODUCCIÓN

Cuaderno para el entrenador de fútbol, un medio de ayuda para redactar ejercicios.

El presente Cuaderno, pretende ayudar al entrenador en la redacción de sus ejercicios para que pueda incluirlos en sus entrenamientos. Sus características son las siguientes:

- Es una sugerencia a la experiencia profesional de cada entrenador, a que redacte y actualice ejercicios que mejoren sus sesiones de entrenamiento.
- Contiene conceptos básicos y enumera acciones tácticas que el entrenador conoce sobradamente, pero creemos que facilitarán una mejor redacción de sus ejercicios agrupada por objetivos y dando cobertura amplia a los contenidos que entrenemos.
- Contiene plantillas para que redactes tus ejercicios para entrenar acciones tácticas defensivas y ofensivas y si lo haces de forma fundamentada, cuando los apliques a tus sesiones, se optimizará la calidad de tu trabajo.
- Creemos que este cuaderno puede ser útil a quienes se marcan objetivos de mejora en los entrenamientos.

De acuerdo con los objetivos que figuran en cada ejercicio, redacta bajo los siguientes criterios:

a) Representación gráfica en el terreno de juego con símbolos simplificados para las jugadas.

b) Descripción escrita del ejercicio.

c) Detalla los datos complementarios: número de jugadores participantes, balones, material, duración y otros.

d) Entrenamiento integral. En la redacción de cada ejercicio valora y aplica criterios de entrenamiento integral

Se incluyen en este Cuaderno:

- 60 plantillas numeradas y con objetivos, para redacción de ejercicios.
- 10 ejercicios/tipo
- 10 plantillas sin numerar para redacción libre de entrenamientos en circuito

• 20 plantillas sin numerar para redacción libre de entrenamientos en Campo completo.
• 5 espacios para redacción libre de entrenamientos de 6 jugadores
• 5 espacios para redacción libre de entrenamientos de 8 jugadores
• 5 espacios para redacción libre de entrenamientos de 10 jugadores
• 5 espacios para redacción libre de entrenamientos de 12/14 jugadores

Finalmente, diremos que no es objeto del presente trabajo el profundizar en los distintos conceptos tácticos, modelos de juegos, sistemas tácticos, etc, que solo se incluyen a nivel enunciativo y para facilitar al entrenador la aplicación de su experiencia en el fútbol a la redacción de ejercicios para sus sesiones.

Símbolos para representar las jugadas

Símbolos y flechas para representar fácilmente a los jugadores y sus movimientos: conducciones, pases, tiro a puerta, trayectorias, etc.

Para facilitar y simplificar la representación de las jugadas, en muchos casos se incluye solo nuestro equipo.

• Símbolo que representa a un jugador del equipo A : ❶

• Símbolo que representa a un jugador del equipo B: ①

• Desplazamiento del jugador sin balón:

• Control orientado:

• Desplazamiento del balón:

• Conducción del balón:

• Desplazamiento balón por alto:

• Balón:

I.
TÁCTICA DEFENSIVA:
Plantillas para ejercicios de entrenamiento de la organización defensiva (1 a 26)

Táctica es cualquier acción de ataque o defensa que realizan los jugadores de un equipo, durante el partido, con la pelota en juego y de forma equilibrada y organizada, para contrarrestar y vencer al adversario.

La organización del juego de equipo se basa en una adecuada ocupación del terreno de juego y previamente, en una acertada asignación de las funciones de cada jugador.

División: Táctica defensiva y Táctica ofensiva

Táctica defensiva es el conjunto de acciones que realiza un equipo, cuando no está en posesión del balón, con el objetivo inmediato de posicionarse inteligentemente y con la adecuada organización, contrarrestar la acción ofensiva del equipo adversario y aplicando la necesaria presión, recuperar el balón.

1. Acciones de Táctica Defensiva

a) Marcaje

Marcajes son todas aquellas acciones tácticas defensivas que realizan los jugadores de un equipo respecto a sus adversarios, para evitar que reciban el balón o si ya lo poseen, para que no puedan utilizarlo eficazmente.

Tipos de Marcaje:

a.) Marcaje individual o marcaje al hombre.
b) Marcaje por zonas.
c.) Marcaje mixto.

b) Repliegue

Repliegues son aquellos movimientos de retroceso que realizan los jugadores de un equipo que perdió la posesión del balón en su acción ofensiva, volviendo lo más rápidamente posible a las zonas o misiones encomendadas por el entrenador, con el fin primordial de organizarse defensivamente de la forma más adecuada y cercana.

c) Basculaciones

Basculaciones son acciones tácticas defensivas que consisten en el movimiento de los jugadores defensores, de lado a lado del campo, en horizontal y hacia la zona en que se encuentra el balón, dejando libre las zonas mas alejadas del mismo, con el fin de generar ventaja numérica, en las zonas próximas al balón.

d) Coberturas

Cobertura es la acción táctica defensiva que consiste en estar cerca del compañero, en situación de ayudarle en las tareas defensivas y ocupar sus funciones en caso de ser superado o desbordado por el poseedor del balón, por otro adversario o rebasado por el propio balón.

e) Permutas

Permuta es la acción táctica defensiva que realiza un jugador recién desbordado, consistente en ocupar, lo más rápidamente posible, la posición y las funciones dejadas por el compañero defensor que le hacía la cobertura y que, en su ayuda, sale al encuentro del adversario.

f) Presión defensiva

Presión defensiva es la acción de asedio o acoso sobre el equipo contrario, que se realiza una vez perdida la posesión del balón, sobre uno, varios o la totalidad de los adversarios, con la finalidad de no dejarles ninguna libertad de acción, arrebatarles la posesión del balón, provocarles un error en su juego o romper en su origen su juego ofensivo.

g) Temporización

Acción táctica defensiva que consiste en ralentizar y dificultar al adversario poseedor, en su progresión o realización de jugada. También podemos utilizarla para obtener ventaja temporal a nuestro favor, dando ocasión a que se refuerce nuestra posición con la llegada de compañeros.

2. Plantillas para ejercicios de entrenamiento de la organización defensiva (1 a 26)

Redacta entrenamientos que faciliten a tu equipo el disponer de capacidad defensiva para dificultar la progresión del juego adversario y marcando los siguientes objetivos:

a) Mejorar la organización defensiva de tu equipo
b) Optimizar las acciones de recuperación de balón
c) Protección de la zona de finalización

Teniendo en cuenta que nuestras acciones defensivas tienen como objetivo principal, evitar que nos hagan gol, es necesario cuidar los marcajes, hacer adecuados movimientos de repliegue y además, aplicar las distintas formas de entradas, cargas, interceptaciones, etc., en la zona más cercana a nuestra portería

Incluye en dichas plantillas, en los ejercicios y en las prácticas de juego real las siguientes:

a) acciones tácticas defensivas:
Marcajes, repliegues, basculaciones, coberturas, permutas, presión defensiva y temporizaciones.

b) acciones de técnica defensiva:
anticipación, interceptación, entrada, carga.

De acuerdo con los objetivos que figuran en cada ejercicio, redacta:

a) Representación gráfica con símbolos simplificados para representar las jugadas

b) Descripción escrita del ejercicio

c) Detalla los datos complementarios: número de jugadores participantes, balones, material, duración y otros.

Entrenamiento integral

En la redacción de cada ejercicio valora y aplica criterios de entrenamiento integral.

MEJORAR LA ORGANIZACIÓN DEFENSIVA (Ejecicios 1 a 6)

Mi ejercicio Núm. 1

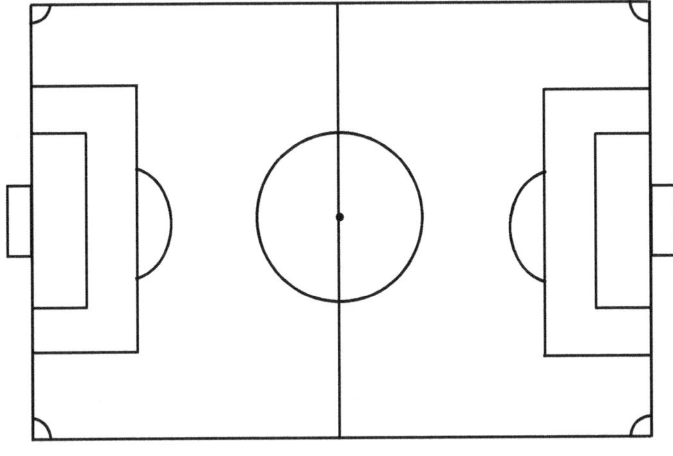

Número de jugadores: ________ **Número de balones:** ________

Material necesario: ____

Objetivos: Mejorar la organización defensiva de nuestro equipo. Practicar posicionamiento, marcaje, temporización, cobertura.

Descripción del ejercicio:

____

____

____

____

____

____

____

____

____________________________________ **Duración** _______ minutos

Otros datos sobre la realización del ejercicio (Intensidad, series, repeticiones, etc.):

____

____

Mi ejercicio Núm. 2

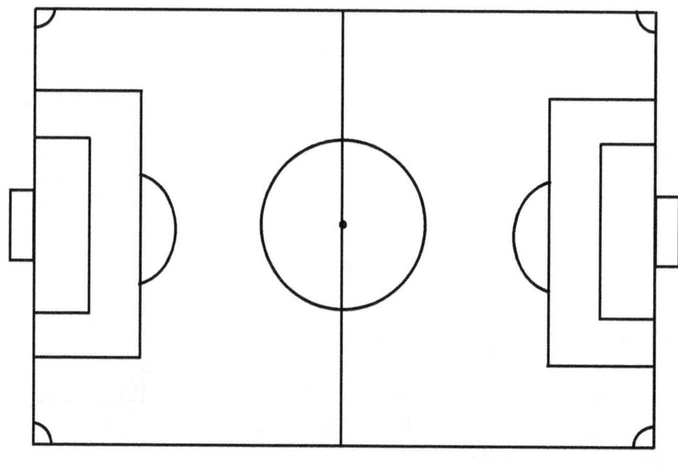

Número de jugadores: ________**Número de balones:** ________

Material necesario: ____

Objetivos: Mejorar la organización defensiva de nuestro equipo. Practicar posicionamiento, marcaje, temporización, cobertura.

Descripción del ejercicio:

____

____

____

____

____

____

____

____

______________________________________**Duración** _______ minutos

Otros datos sobre la realización del ejercicio (Intensidad, series, repeticiones, etc.):

____

____

Mi ejercicio Núm. 3

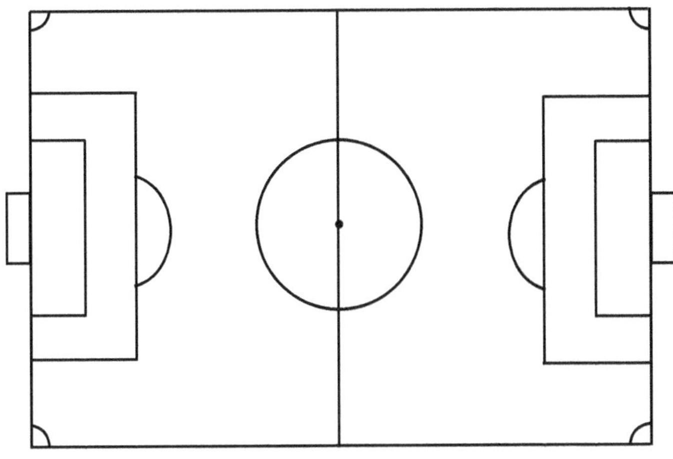

Número de jugadores: ________**Número de balones:** ________

Material necesario: ____

Objetivos: Mejorar la organización defensiva de nuestro equipo. Practicar posicionamiento, marcaje, temporización, cobertura.

Descripción del ejercicio:

____

____

____

____

____

____

____

____

____**Duración** _______ minutos

Otros datos sobre la realización del ejercicio (Intensidad, series, repeticiones, etc.):

____

____

Mi ejercicio Núm. 4

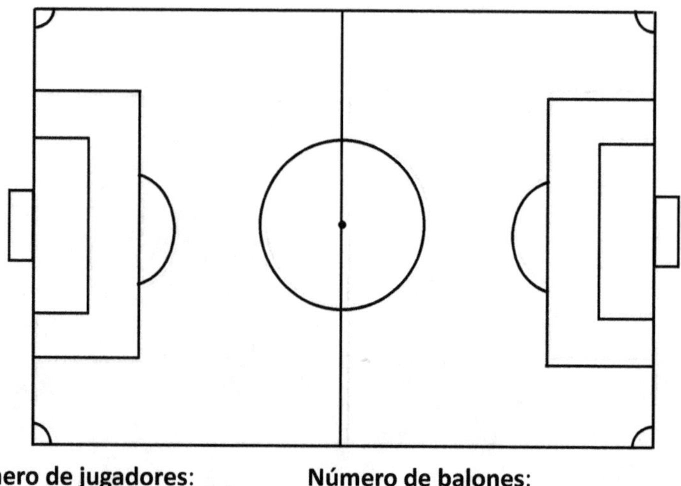

Número de jugadores: ________**Número de balones**: ________

Material necesario: ____

Objetivos: Mejorar la organización defensiva de nuestro equipo. Practicar posicionamiento, marcaje, temporización, repligue.

Descripción del ejercicio:

____

____

____

____

____

____

____

____

____

____**Duración** _______ minutos

Otros datos sobre la realización del ejercicio (Intensidad, series, repeticiones, etc.):

____

____

Mi ejercicio Núm. 5

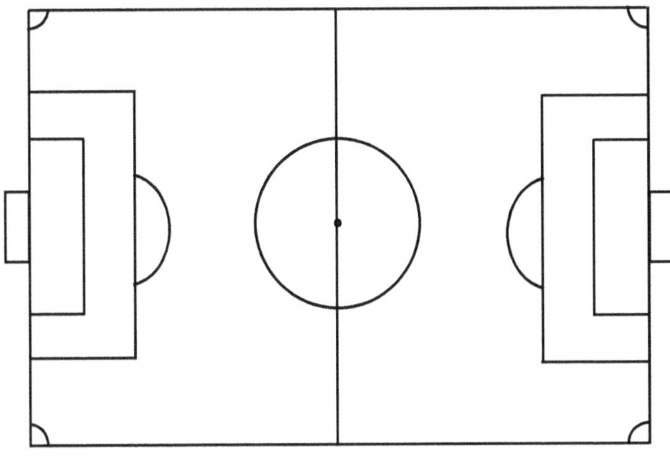

Número de jugadores: ________**Número de balones**: ________

Material necesario: ____

Objetivos: Mejorar la organización defensiva de nuestro equipo. Practicar posicionamiento, marcaje, temporización, basculaciones.

Descripción del ejercicio:

____

____

____

____

____

____

____

____

_____________________________________**Duración** _______ minutos

Otros datos sobre la realización del ejercicio (Intensidad, series, repeticiones, etc.):

____

____

Mi ejercicio Núm. 6

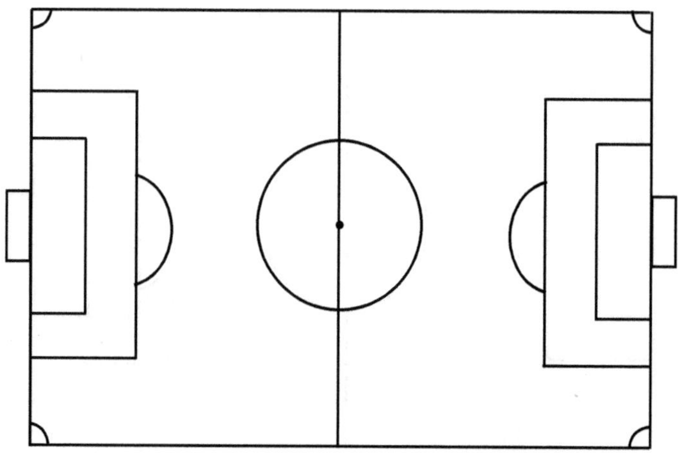

Número de jugadores: ________**Número de balones**: ________

Material necesario: ____

Objetivos: Mejorar la organización defensiva de nuestro equipo. Practicar posicionamiento, marcaje, temporización, basculaciones.

Descripción del ejercicio:

____

____

____

____

____

____

____

____

____

______________________________________**Duración** _______ minutos

Otros datos sobre la realización del ejercicio (Intensidad, series, repeticiones, etc.):

____

____

REDUCCIÓN DE ESPACIOS Y DENSIDAD OFENSIVA (Ejer. 7 y 8)

Mi ejercicio Núm. 7

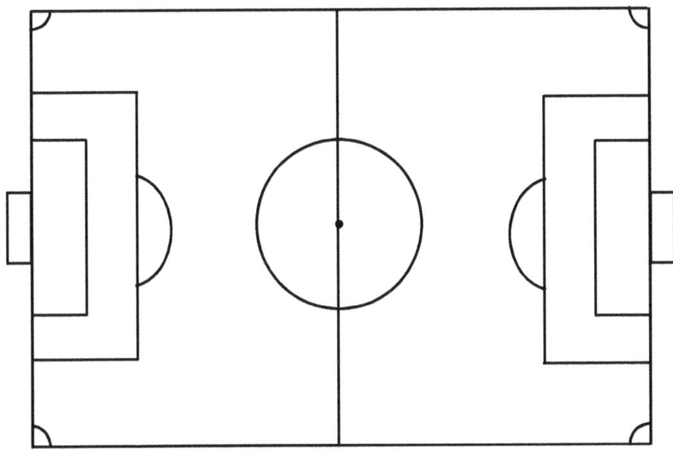

Número de jugadores: ________ **Número de balones**: ________

Material necesario: ________________________________

Objetivos: Organización de las acciones defensivas del equipo, practicando reducción de espacios y densidad defensiva que faciliten nuestra recuperación del balón

Descripción del ejercicio:

____

____

____

____

____

____

____

____

________________________ **Duración** _______ minutos

Otros datos sobre la realización del ejercicio (Intensidad, series, repeticiones, etc.):

____

____

Mi ejercicio Núm. 8

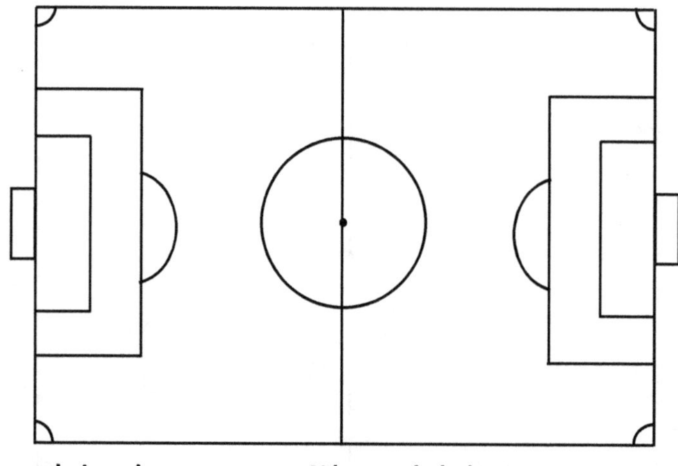

Número de jugadores: ________**Número de balones**: ________

Material necesario: ____

Objetivos: Organización de las acciones defensivas del equipo, practicando reducción de espacios y densidad defensiva que faciliten nuestra recuperación del balón

Descripción del ejercicio:

____

____

____

____

____

____

____

____

____

____**Duración** ________ minutos

Otros datos sobre la realización del ejercicio (Intensidad, series, repeticiones, etc.):

____

____

RECUPERAR EL BALÓN (Ejercicios 9 a 20)

Mi ejercicio Núm. 9

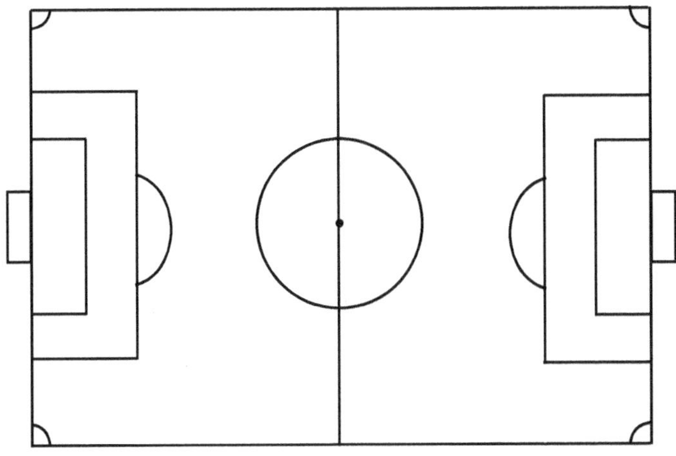

Número de jugadores: ________ **Número de balones**: ________

Material necesario: ____

Objetivos: entrenamiento de la recuperación de balón. Posicionamiento, marcaje, interceptación.

Descripción del ejercicio:

____

____

____

____

____

____

____

____

____________________________________ **Duración** _______ minutos

Otros datos sobre la realización del ejercicio (Intensidad, series, repeticiones, etc.):

____

____

Mi ejercicio Núm. 10

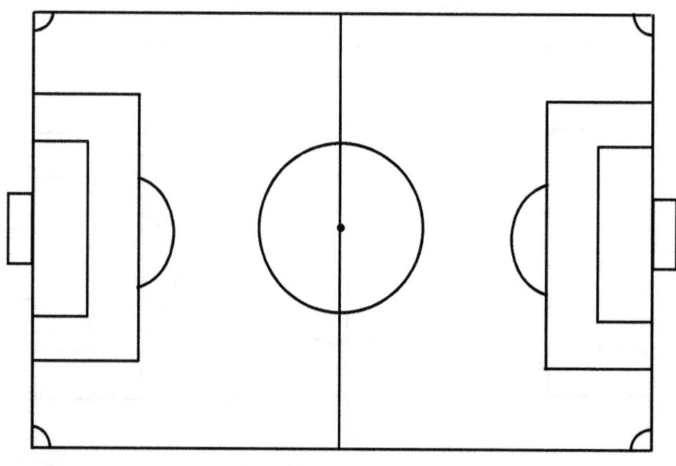

Número de jugadores: ________ **Número de balones**: ________

Material necesario: ____

Objetivos: entrenamiento de la recuperación de balón. Posicionamiento, marcaje, interceptación

Descripción del ejercicio:

____

____

____

____

____

____

____

____

____ **Duración** ________ minutos

Otros datos sobre la realización del ejercicio (Intensidad, series, repeticiones, etc.):

____

____

Mi ejercicio Núm. 11

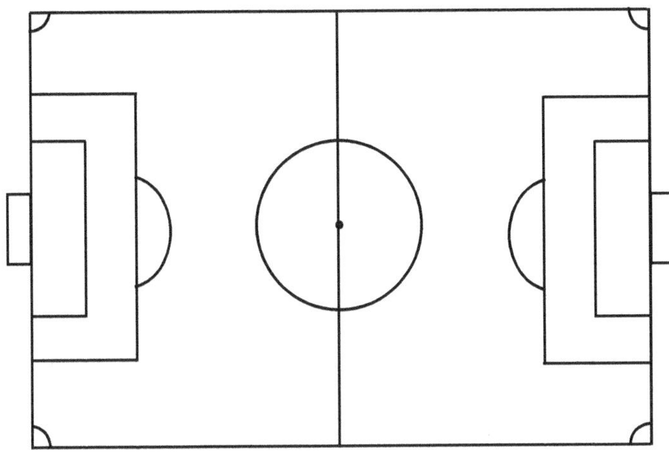

Número de jugadores: ________**Número de balones**: ________

Material necesario: ____

Objetivos: entrenamiento de la recuperación de balón. Posicionamiento, marcaje, anticipación, interceptación.

Descripción del ejercicio:

____

____

____

____

____

____

____

____

____**Duración** _______ minutos

Otros datos sobre la realización del ejercicio (Intensidad, series, repeticiones, etc.):

____

____

Mi ejercicio Núm. 12

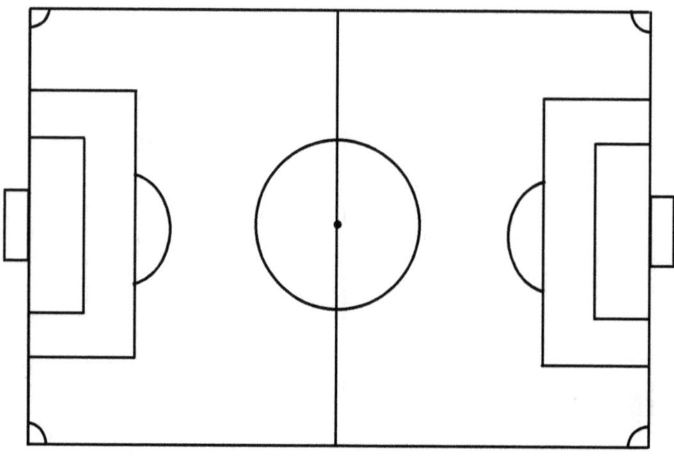

Número de jugadores: ________**Número de balones:** ________

Material necesario: ____

Objetivos: entrenamiento de la recuperación de balón. Posicionamiento, marcaje, anticipación, interceptación.

Descripción del ejercicio:

____

____

____

____

____

____

____

____

________________________________**Duración** _______ minutos

Otros datos sobre la realización del ejercicio (Intensidad, series, repeticiones, etc.):

____

____

Mi ejercicio Núm. 13

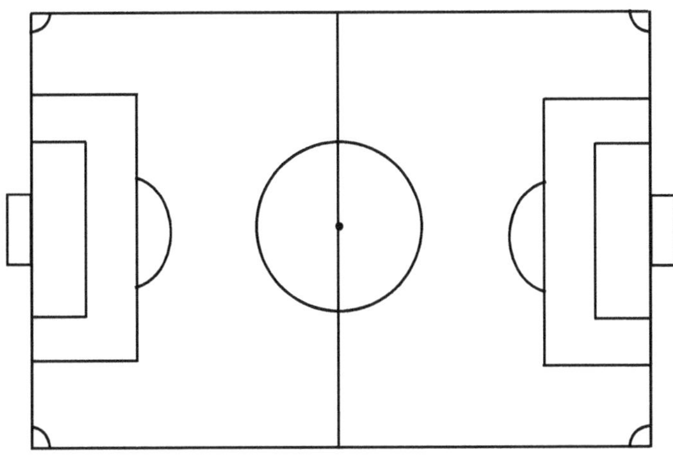

Número de jugadores: ________**Número de balones**: ________

Material necesario: ____

Objetivos: entrenamiento de la recuperación de balón. Posicionamiento, marcaje, entrada, basculación.

Descripción del ejercicio:

____

____

____

____

____

____

____

____

______________________________________**Duración** _______ minutos

Otros datos sobre la realización del ejercicio (Intensidad, series, repeticiones, etc.):

____

____

Mi ejercicio Núm. 14

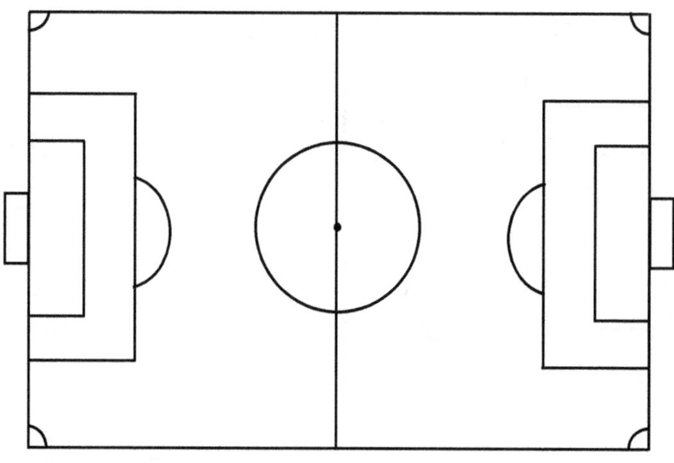

Número de jugadores: ________**Número de balones**: ________

Material necesario: ____

Objetivos: entrenamiento de la recuperación de balón. Posicionamiento, marcaje, entrada, basculación.

Descripción del ejercicio:

____

____

____

____

____

____

____

____

_________________________________**Duración** _______ minutos

Otros datos sobre la realización del ejercicio (Intensidad, series, repeticiones, etc.):

____

____

Mi ejercicio Núm. 15

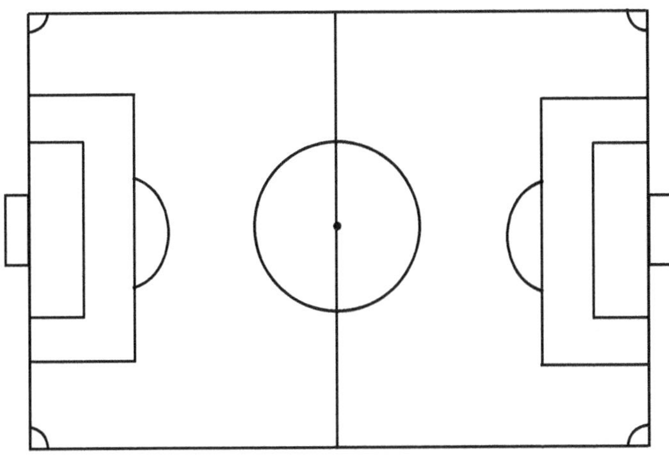

Número de jugadores: ________**Número de balones**: ________

Material necesario: ____

Objetivos: eentrenamiento de la recuperación de balón. Posicionamiento, marcaje, entrada, coberturas, permutas.

Descripción del ejercicio:

____

____

____

____

____

____

____

____

____**Duración** _______ minutos

Otros datos sobre la realización del ejercicio (Intensidad, series, repeticiones, etc.):

____

____

Mi ejercicio Núm. 16

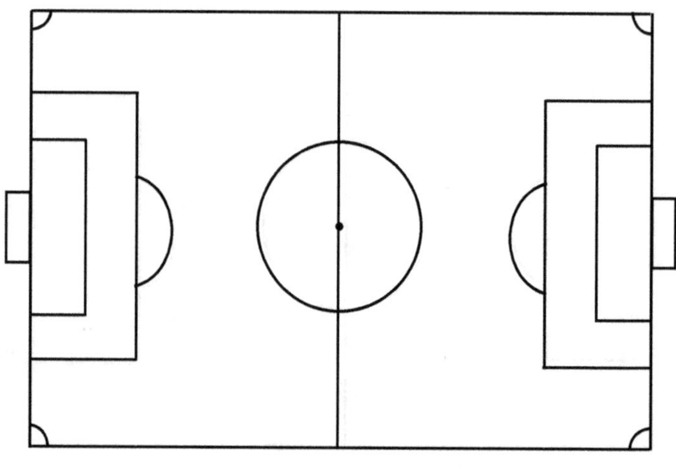

Número de jugadores: ________**Número de balones**: _______

Material necesario: ____

Objetivos: entrenamiento de la recuperación de balón. Posicionamiento, marcaje, entrada, coberturas, permutas.

Descripción del ejercicio:

____

____

____

____

____

____

____

____

____**Duración** _______ minutos

Otros datos sobre la realización del ejercicio (Intensidad, series, repeticiones, etc.):

____

____

Mi ejercicio Núm. 17

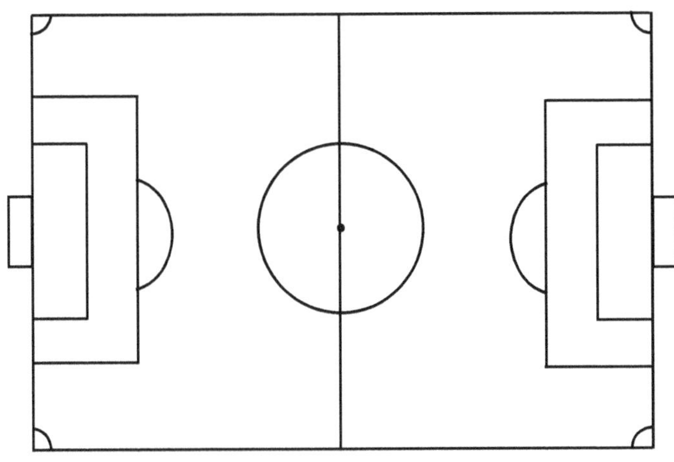

Número de jugadores: ________ **Número de balones**: ________

Material necesario: ____

Objetivos: entrenamiento de la recuperación de balón. Posicionamiento, marcaje, entrada, coberturas, permutas, basculación.

Descripción del ejercicio:

____

____

____

____

____

____

____

____

____ **Duración** _______ minutos

Otros datos sobre la realización del ejercicio (Intensidad, series, repeticiones, etc.):

____

____

Mi ejercicio Núm. 18

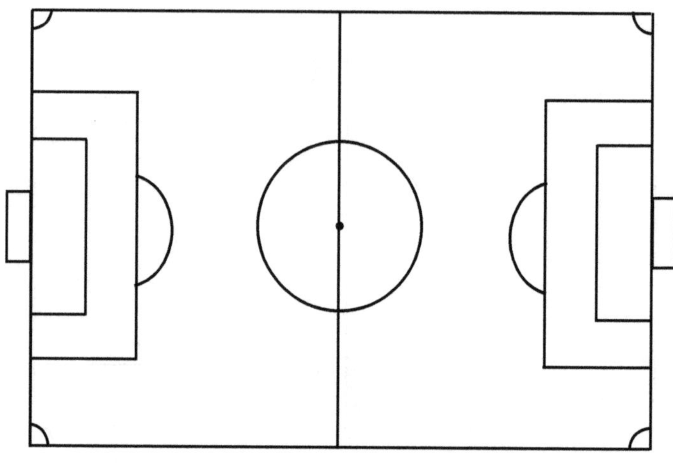

Número de jugadores: ________**Número de balones:** ________

Material necesario: ____

Objetivos: entrenamiento de la recuperación de balón. Posicionamiento, marcaje, entrada, coberturas, permutas, basculación.

Descripción del ejercicio:

____

____

____

____

____

____

____

____

____**Duración** ________ minutos

Otros datos sobre la realización del ejercicio (Intensidad, series, repeticiones, etc.):

____

____

Mi ejercicio Núm. 19

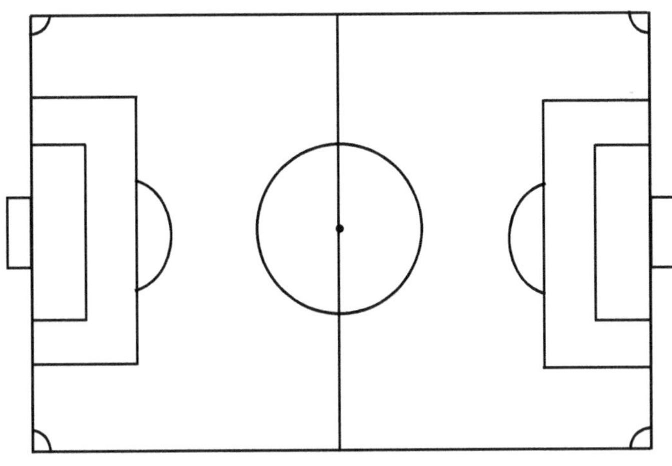

Número de jugadores: ________**Número de balones**: ________

Material necesario: ____

Objetivos: entrenamiento de la recuperación de balón. Posicionamiento, marcaje, entrada/carga.

Descripción del ejercicio:

____

____

____

____

____

____

____

____

____**Duración** _______ minutos

Otros datos sobre la realización del ejercicio (Intensidad, series, repeticiones, etc.):

____

____

Mi ejercicio Núm. 20

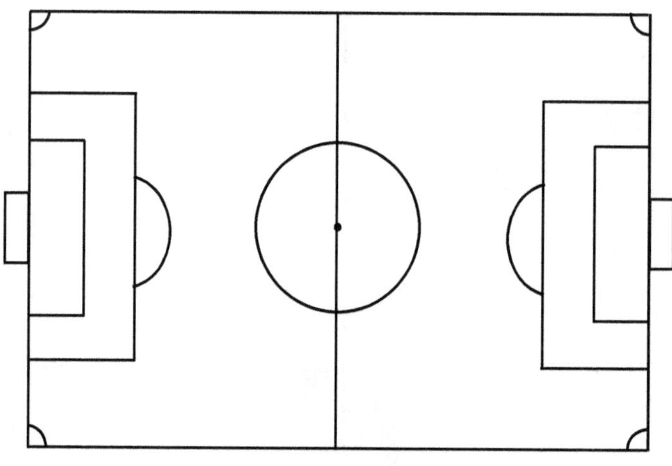

Número de jugadores: ________**Número de balones**: ________

Material necesario: ____

Objetivos: entrenamiento de la recuperación de balón.Posicionamiento, marcaje, entrada/carga.

Descripción del ejercicio:

____

____

____

____

____

____

____

____

____**Duración** _______ minutos

Otros datos sobre la realización del ejercicio (Intensidad, series, repeticiones, etc.):

____

____

PROTECCIÓN DE LA ZONA DE FINALIZACIÓN (Ejerc. 21 a 26)

Mi ejercicio Núm. 21

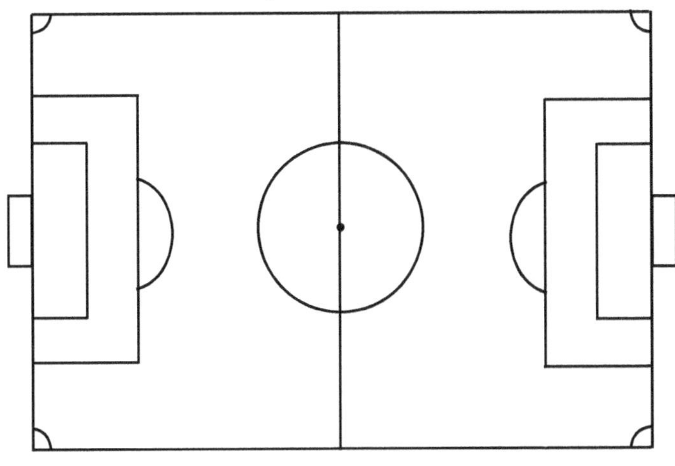

Número de jugadores: ________**Número de balones**: ________

Material necesario: ____

Objetivos: entrenamiento para proteger la zona de finalización: Marcaje, repliegue, interceptación.

Descripción del ejercicio:

____

____

____

____

____

____

____

____

______________________________________**Duración** _______ minutos

Otros datos sobre la realización del ejercicio (Intensidad, series, repeticiones, etc.):

____

____

Mi ejercicio Núm. 22

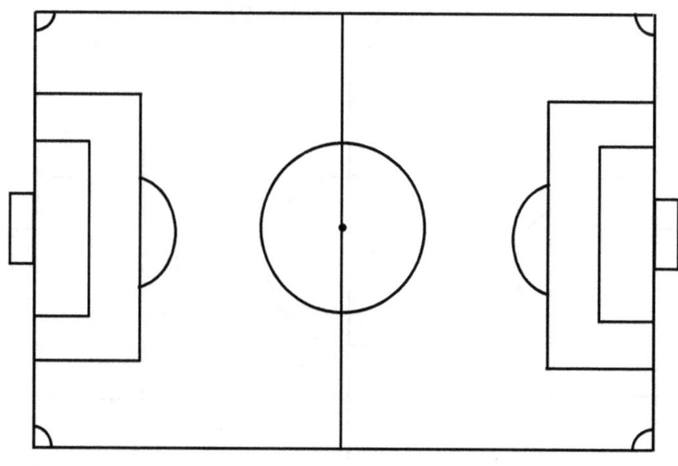

Número de jugadores: ________**Número de balones**: ________

Material necesario: ______________________________________

Objetivos: entrenamiento para proteger la zona de finalización: Marcaje, repliegue, interceptación.

Descripción del ejercicio:

____

____

____

____

____

____

____

____

____________________________**Duración** _______ minutos

Otros datos sobre la realización del ejercicio (Intensidad, series, repeticiones, etc.):

____

____

Mi ejercicio Núm. 23

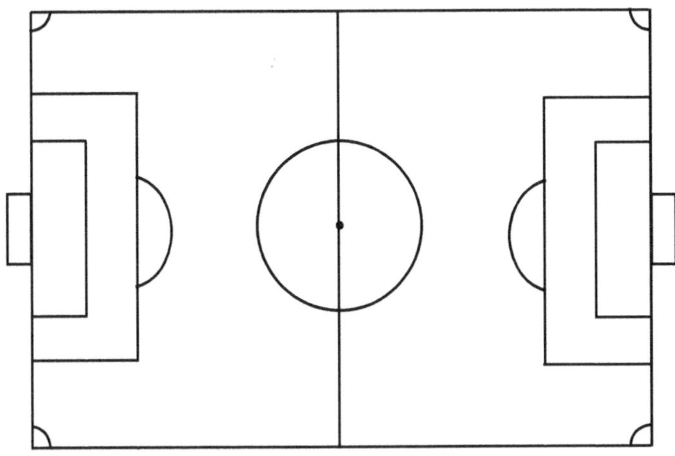

Número de jugadores: ________**Número de balones**: ________

Material necesario: ____

Objetivos: entrenamiento para proteger la zona de finalización: Marcaje, repliegue, entrada.

Descripción del ejercicio:

____
____
____
____
____
____
____
____
_______________________________________**Duración** _______ minutos

Otros datos sobre la realización del ejercicio (Intensidad, series, repeticiones, etc.):

____
____

Mi ejercicio Núm. 24

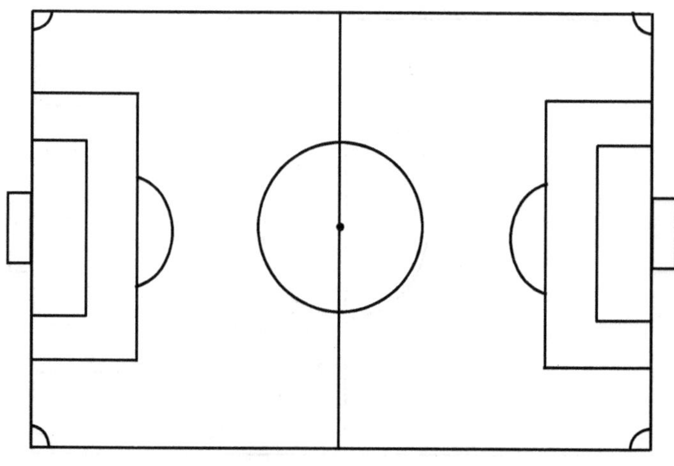

Número de jugadores: ________**Número de balones:** ________

Material necesario: ____

Objetivos: entrenamiento para proteger la zona de finalización: Marcaje, repliegue, entrada.

Descripción del ejercicio:

____

____

____

____

____

____

____

____

____**Duración** ________ minutos

Otros datos sobre la realización del ejercicio (Intensidad, series, repeticiones, etc.):

____

____

Mi ejercicio Núm. 25

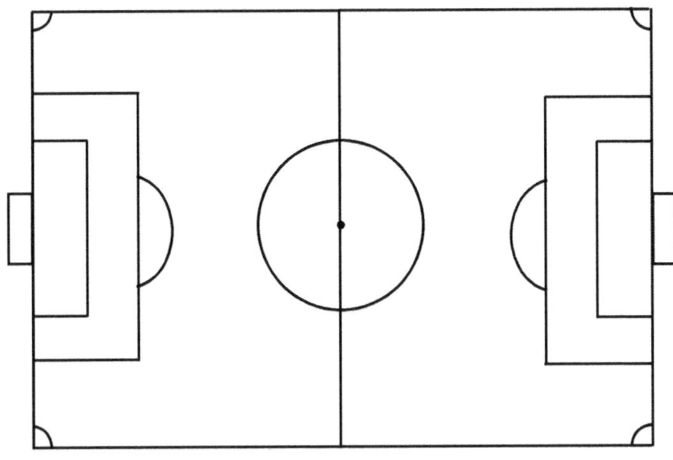

Número de jugadores: ________ **Número de balones**: ________

Material necesario: ____

Objetivos: entrenamiento para proteger la zona de finalización: Marcaje, repliegue, carga.

Descripción del ejercicio:

____

____

____

____

____

____

____

____

____________________________________ -**Duración** _______ minutos

Otros datos sobre la realización del ejercicio (Intensidad, series, repeticiones, etc.):

____

____

Mi ejercicio Núm. 26

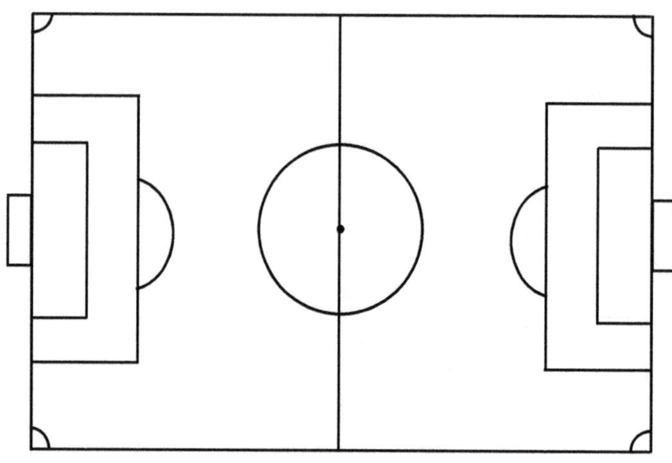

Número de jugadores: ________**Número de balones**: ________

Material necesario: ____

Objetivos: entrenamiento para proteger la zona de finalización: Marcaje, repliegue, carga.

Descripción del ejercicio:

____

____

____

____

____

____

____

____**Duración** _______ minutos

Otros datos sobre la realización del ejercicio (Intensidad, series, repeticiones, etc.):

____

____

II
TÁCTICA OFENSIVA

[Plantillas para ejercicios de entrenamiento de la acciones ofensivas (27 a 46)]

Son todas las acciones tácticas que puede realizar un equipo, cuando tiene la posesión del balón.

1. Desmarques
2. Desdoblamientos
3. Cambios de ritmo
4. Cambios de orientación
5. Ataques
6. Contraataques
7. Ayudas permanentes

1. Desmarques

Desmarque es la acción táctica ofensiva, que se realiza cuando un compañero nuestro se apodera del balón y tratamos de eludir el marcaje que nos aplica el adversario y de este modo, poder ofrecer opciones favorables para nuestro juego.

Existen dos clases de desmarques: de apoyo y de ruptura.

- Desmarque de apoyo, es el que se utiliza para facilitar la acción de nuestro compañero que posee el balón.
- Desmarque de ruptura, es el que se utiliza para superar al adversario que nos marca o bien para reducir nuestra distancia con la portería contraria, rebasando siempre a nuestro compañero con balón.

2. Desdoblamientos

Desdoblamiento es la acción táctica ofensiva, que tiene como objetivo no perder el control posicional del terreno de juego y que se realiza ocupando o cubriendo el espacio que deja el compañero que está haciendo otra acción ofensiva.

3. Cambios de ritmo

Cambio de ritmo es la acción táctica ofensiva, que consiste en aplicar variaciones en la velocidad con que se lleva a cabo el desarrollo del ataque, para desconcertar al equipo adversario.

4. Cambios de orientación

Cambio de orientación es la acción táctica ofensiva que consiste en cambiar la trayectoria y dirección del balón, tratando de situarlo en otras zonas alejadas, con idea de favorecer nuestra posesión de balón y nuestras opciones de ataque.

5. Ataque

Ataque es la acción táctica ofensiva, que incluye todos los movimientos que realiza un equipo que está en posesión del balón, para intentar situarse en posición favorable en la zona de finalización y marcar gol.

El ataque tiene una progresión elaborada y con participación colectiva de gran parte del equipo.

6. Contraataque

Contraataque es la acción táctica ofensiva que consiste en intentar sorprender al equipo adversario, llevando con rapidez el balón recién recuperado, hacia su portería, antes de que se repliegue y organice en su acción defensiva.

Es una forma rápida de ataque que se inicia inmediatamente después de robar un balón, con verticalidad, con pocos toques y participando pocos jugadores.

7. Ayudas permanentes

Ayudas permanentes son las soluciones favorables que ofrecen los jugadores de un equipo a su compañero poseedor del balón, mediante movimientos que ayuden a terminar con éxito la jugada o bien para mantener la posesión.

Mi ejercicio Núm. 27

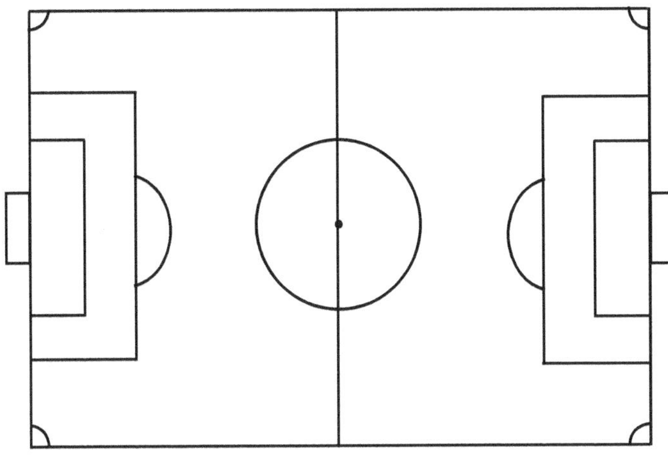

Número de jugadores: ________**Número de balones**: ________

Material necesario: ____

Objetivos: entrenamiento de los desmarques de apoyo, en ataques y contraataques. Practicar desmarques: a) de apoyo frontal y b) de apoyo lateral.

Descripción del ejercicio:

____

____

____

____

____

____

____

____**Duración** _______ minutos

Otros datos sobre la realización del ejercicio (Intensidad, series, repeticiones, etc.):

____

____

Mi ejercicio Núm. 28

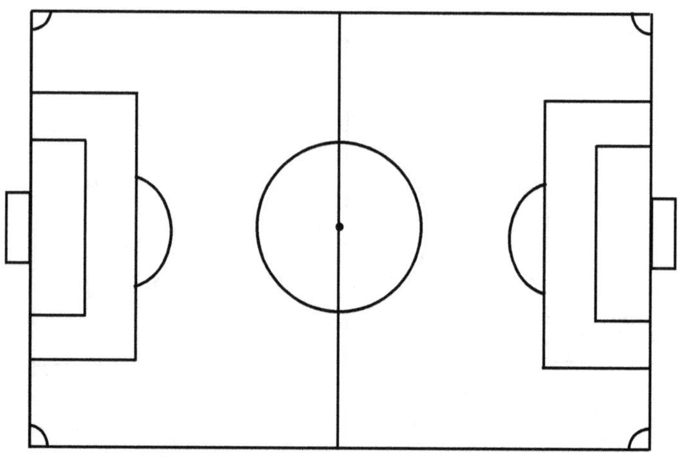

Número de jugadores: ________**Número de balones:** ________

Material necesario: ______________________________________

Objetivos: entrenamiento de los desmarques de apoyo, en ataques y contraataques Practicar desmarques: a) de apoyo frontal y b) de apoyo lateral.

Descripción del ejercicio:

____

____

____

____

____

____

____

____

______________________________**Duración** _______ minutos

Otros datos sobre la realización del ejercicio (Intensidad, series, repeticiones, etc.):

____

____

Mi ejercicio Núm. 29

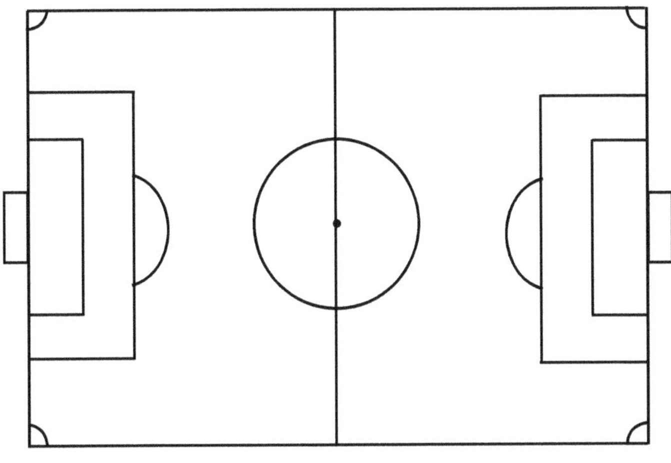

Número de jugadores: ________**Número de balones:** ________

Material necesario: ____

Objetivos: entrenamiento de desmarques de ruptura, en ataques y en contraataques. Practicar desmarques de ruptura (rebasando al compañero poseedor) y ocupando inteligentemente los espacios.

Descripción del ejercicio:

____

____

____

____

____

____

____

____

____**Duración** _______ minutos

Otros datos sobre la realización del ejercicio (Intensidad, series, repeticiones, etc.):

____

____

Mi ejercicio Núm. 30

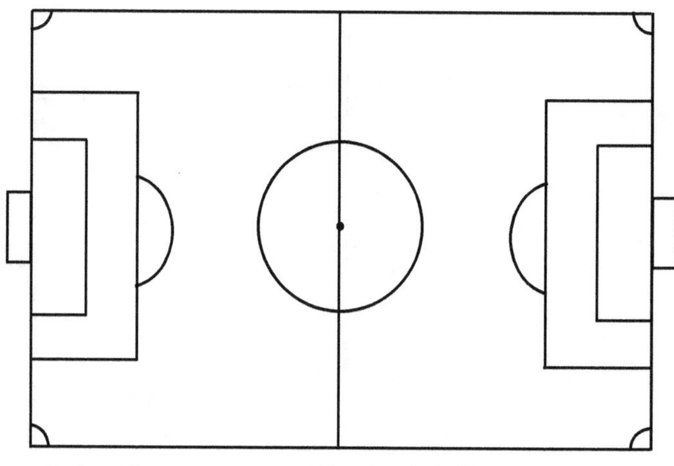

Número de jugadores: ________**Número de balones:** ________

Material necesario: ____

Objetivos: entrenamiento de desmarques de ruptura, en ataques y en contraataques. Practicar desmarques de ruptura (rebasando al compañero poseedor) y ocupando inteligentemente los espacios.

Descripción del ejercicio:

____

____

____

____

____

____

____

____

_______________________________________**Duración** _______ minutos

Otros datos sobre la realización del ejercicio (Intensidad, series, repeticiones, etc.):

____

____

Mi ejercicio Núm. 31

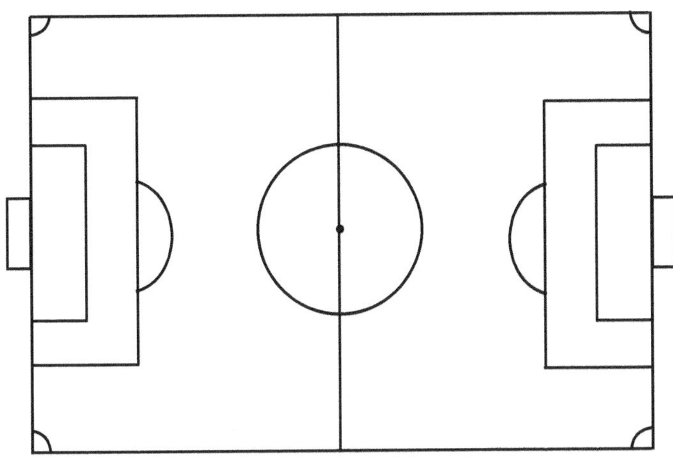

Número de jugadores: ________**Número de balones:** ________

Material necesario: ____

Objetivos: entrenamiento de desdoblamiento, en ataques y en contraataques. Practicar el proceso completo de los desdoblamientos y ocupando el equipo, inteligentemente los espacios.

Descripción del ejercicio:

____
____
____
____
____
____
____
____
____**Duración** _______ minutos

Otros datos sobre la realización del ejercicio (Intensidad, series, repeticiones, etc.):

____
____

Mi ejercicio Núm. 32

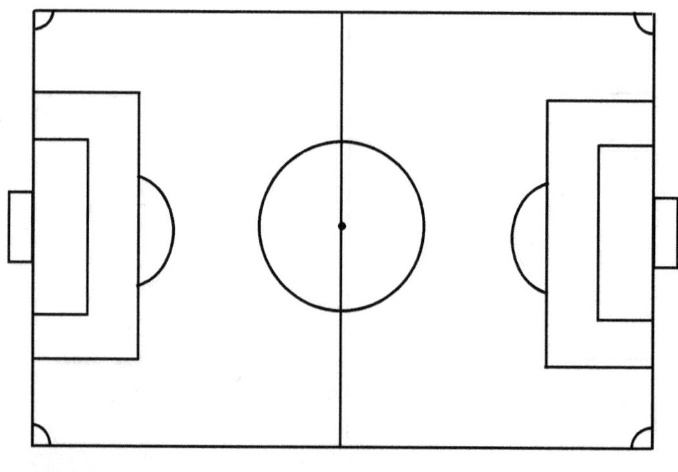

Número de jugadores: ________**Número de balones**: ________

Material necesario: ____

Objetivos: entrenamiento de desdoblamiento, en ataques y en contraataques. Practicar el proceso completo de los desdoblamientos y ocupando el equipo, inteligentemente los espacios.

Descripción del ejercicio:

____

____

____

____

____

____

____

____

____**Duración** _______ minutos

Otros datos sobre la realización del ejercicio (Intensidad, series, repeticiones, etc.):

____

____

Mi ejercicio Núm. 33

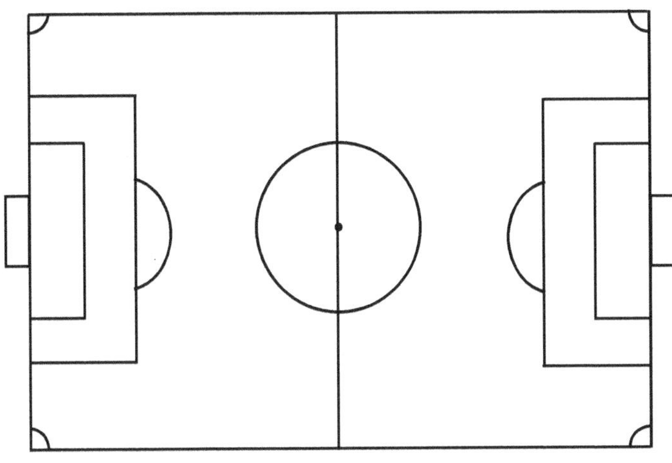

Número de jugadores: ________**Número de balones:** ________

Material necesario: ____

Objetivos: entrenamiento de cambios de ritmo, en ataques y en contraataques. Practicar movimientos con cambio de velocidad en el juego que sorprendan al adversario.

Descripción del ejercicio:

____

____

____

____

____

____

____

____

____**Duración** _______ minutos

Otros datos sobre la realización del ejercicio (Intensidad, series, repeticiones, etc.):

____

____

Mi ejercicio Núm. 34

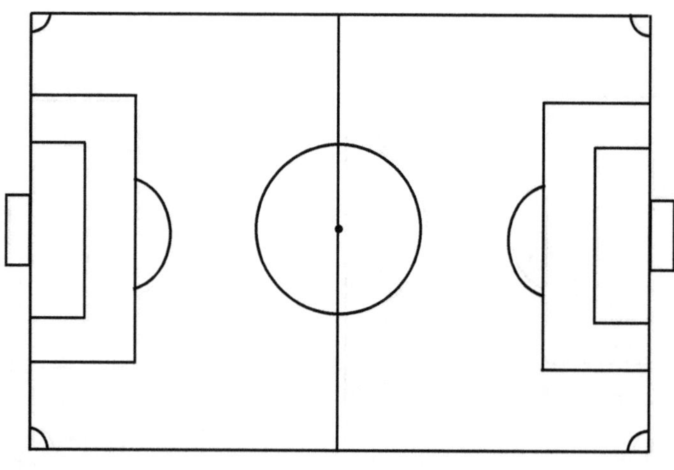

Número de jugadores: ________**Número de balones:** ________

Material necesario: ____

Objetivos: entrenamiento de cambios de ritmo, en ataques y en contraataques. Practicar movimientos con cambio de velocidad en el juego que sorprendan al adversario.

Descripción del ejercicio:

____

____

____

____

____

____

____

____

Duración _______ minutos

Otros datos sobre la realización del ejercicio (Intensidad, series, repeticiones, etc.):

____

____

Mi ejercicio Núm. 35

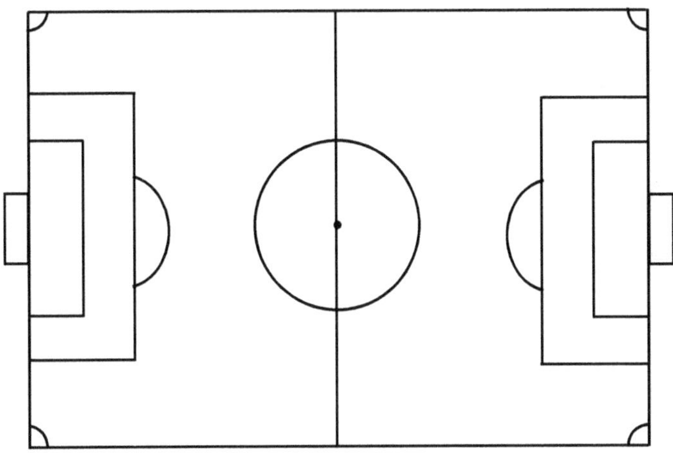

Número de jugadores: ________**Número de balones**: ________

Material necesario: ____

Objetivos: entrenamiento de cambios de orientación, en ataques y en contraataques. Practicar movimientos con cambios en la dirección del juego, llevando el balón a zonas que sorprendan al adversario y faciliten nuestra acción ofensiva.

Descripción del ejercicio:

____

____

____

____

____

____

____

____

____**Duración** _______ minutos

Otros datos sobre la realización del ejercicio (Intensidad, series, repeticiones, etc.):

____

____

Mi ejercicio Núm. 36

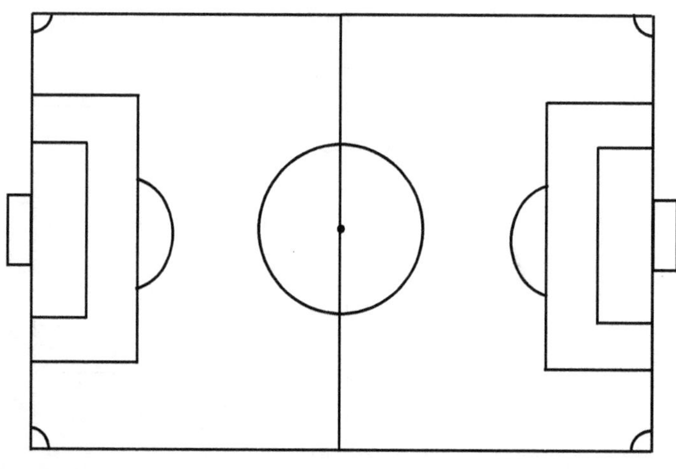

Número de jugadores: ________**Número de balones**: ________

Material necesario: ____

Objetivos: entrenamiento de cambios de orientación, en ataques y en contraataques. Practicar movimientos con cambios en la dirección del juego, llevando el balón a zonas que sorprendan al adversario y faciliten nuestra acción ofensiva.

Descripción del ejercicio:

____

____

____

____

____

____

____

____

____**Duración** _______ minutos

Otros datos sobre la realización del ejercicio (Intensidad, series, repeticiones, etc.):

____

____

Mi ejercicio Núm. 37

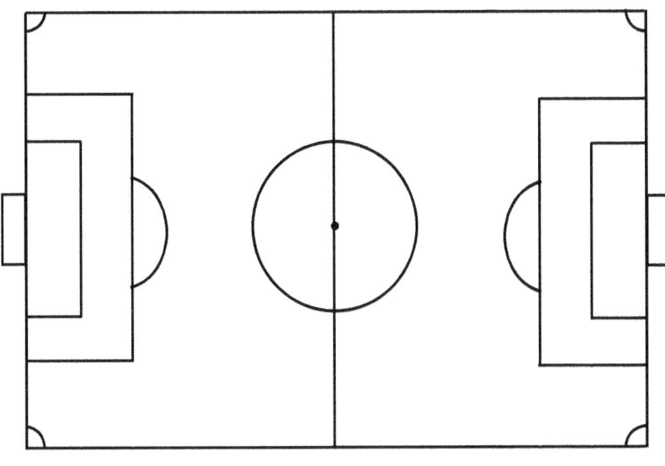

Número de jugadores: ________**Número de balones**: ________

Material necesario: ____

Objetivos: entrenamiento de la acción global de ataques. Practicar realización completa de ataques de tipo DIRECTO

Descripción del ejercicio:

____

____

____

____

____

____

____

____

______________________________________**Duración** _______ minutos

Otros datos sobre la realización del ejercicio (Intensidad, series, repeticiones, etc.):

____

____

Mi ejercicio Núm. 38

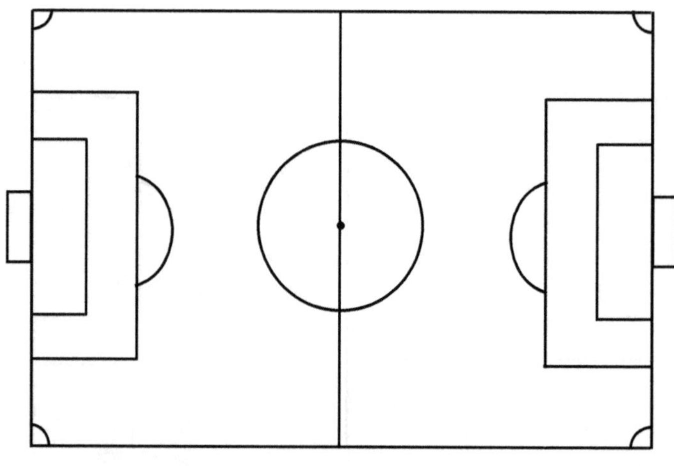

Número de jugadores: ________ **Número de balones:** ________

Material necesario: ____

Objetivos: entrenamiento de la acción global de ataques. Practicar realización completa de ataques de tipo DIRECTO

Descripción del ejercicio:

____

____

____

____

____

____

____

____

____ **Duración** _______ minutos

Otros datos sobre la realización del ejercicio (Intensidad, series, repeticiones, etc.):

____

____

Mi ejercicio Núm. 39

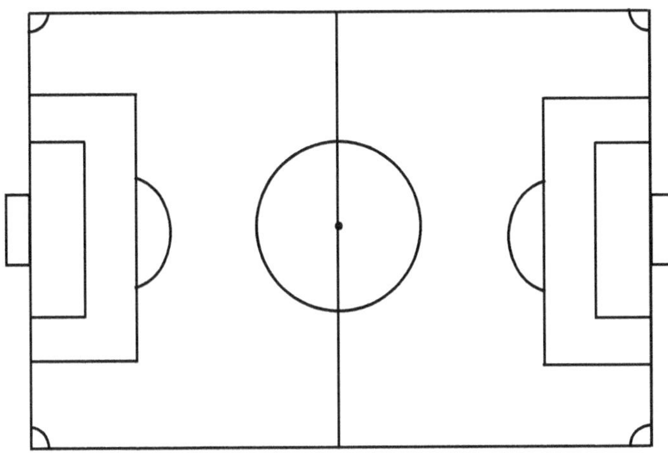

Número de jugadores: ________ **Número de balones**: ________

Material necesario: ____

Objetivos: entrenamiento de la acción global de ataques. Practicar realización completa de ataques de tipo COMBINATIVO.

Descripción del ejercicio:

____

____

____

____

____

____

____

____

____________________________________ **Duración** _______ minutos

Otros datos sobre la realización del ejercicio (Intensidad, series, repeticiones, etc.):

____

____

Mi ejercicio Núm. 40

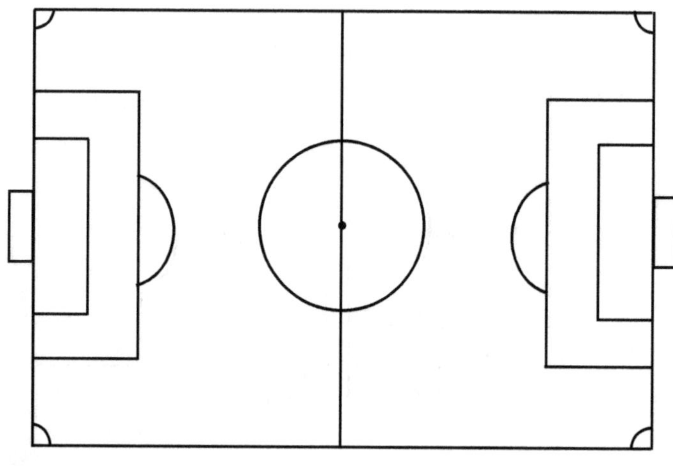

Número de jugadores: ________**Número de balones**: ________

Material necesario: ____

Objetivos: entrenamiento de la acción global de ataques. Practicar realización completa de ataques de tipo COMBINATIVO.

Descripción del ejercicio:

____

____

____

____

____

____

____

____

____________________________________**Duración** _______ minutos

Otros datos sobre la realización del ejercicio (Intensidad, series, repeticiones, etc.):

____

____

Mi ejercicio Núm. 41

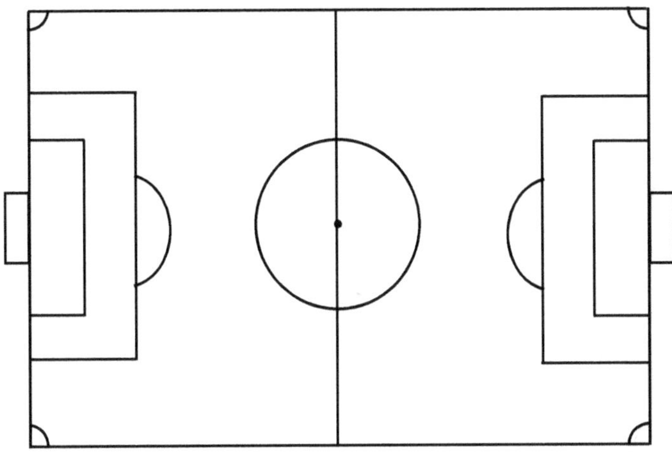

Número de jugadores: ________**Número de balones**: ________

Material necesario: ____

Objetivos: entrenamiento de la acción global del contraataque. Practicar realización completa de contraataques de tipo DIRECTO, aplicando los principios básicos de verticalidad, rapidez, pocos toques.

Descripción del ejercicio:

____

____

____

____

____

____

____

____

____**Duración** _______ minutos

Otros datos sobre la realización del ejercicio (Intensidad, series, repeticiones, etc.):

____

____

Mi ejercicio Núm. 42

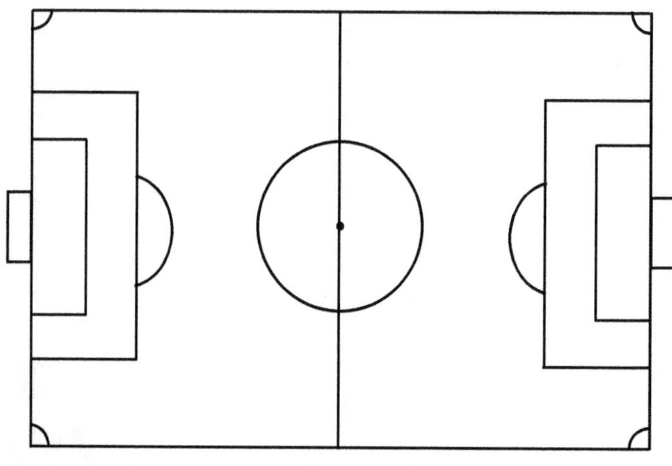

Número de jugadores: ________ **Número de balones**: ________

Material necesario: ______________________________

Objetivos: entrenamiento de la acción global del contraataque. Practicar realización completa de contraataques de tipo DIRECTO, aplicando los principios básicos de verticalidad, rapidez, pocos toques.

Descripción del ejercicio:

____

____

____

____

____

____

____

____

______________________________ **Duración** ________ minutos

Otros datos sobre la realización del ejercicio (Intensidad, series, repeticiones, etc.):

____

____

Mi ejercicio Núm. 43

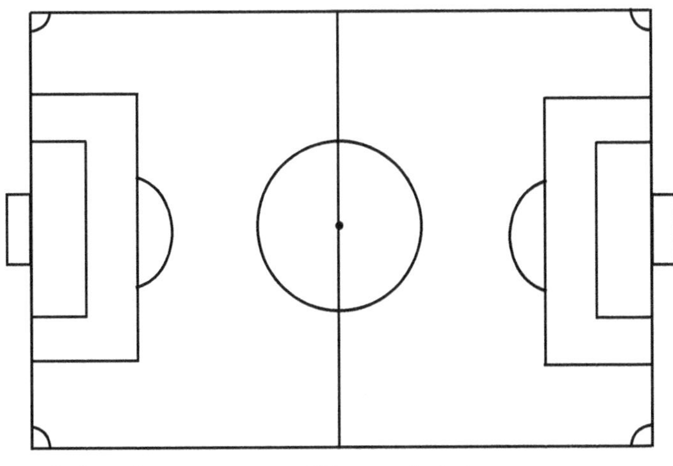

Número de jugadores: ________**Número de balones**: ________

Material necesario: ____

Objetivos: entrenamiento de la acción global del contraataque. Practicar realización completa de contraataques de tipo COMBINATIVO, aplicando los principios básicos de verticalidad, rapidez y pocos toques.

Descripción del ejercicio:

____

____

____

____

____

____

____

____

____**Duración** _______ minutos

Otros datos sobre la realización del ejercicio (Intensidad, series, repeticiones, etc.):

____

____

Mi ejercicio Núm. 44

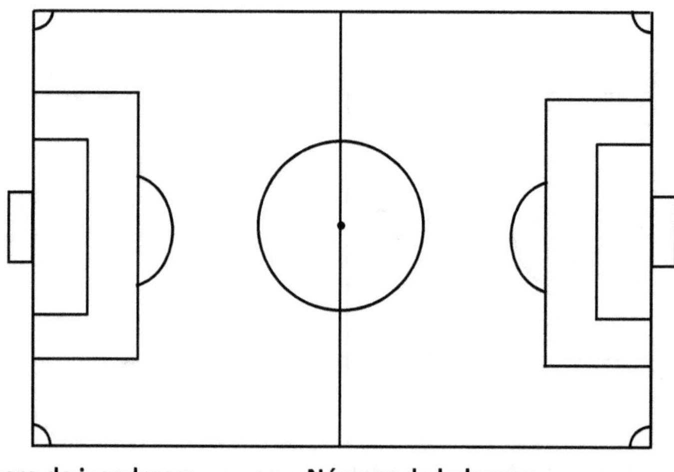

Número de jugadores: ________ **Número de balones:** ________

Material necesario: ____________________________________

Objetivos: entrenamiento de la acción global del contraataque. Practicar realización completa de contraataques de tipo COMBINATIVO, aplicando los principios básicos de verticalidad, rapidez y pocos toques.

Descripción del ejercicio:

____

____

____

____

____

____

____

____

____ **Duración** ________ minutos

Otros datos sobre la realización del ejercicio (Intensidad, series, repeticiones, etc.):

____

____

Mi ejercicio Núm. 45

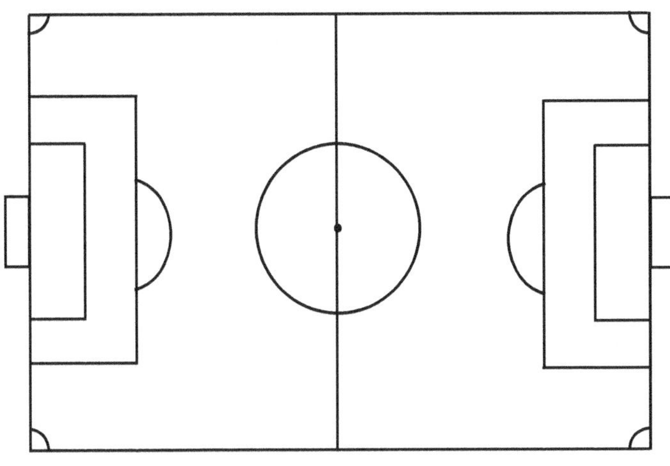

Número de jugadores: ________ **Número de balones**: ________

Material necesario: ____________________________________

Objetivos: entrenamiento de ayudas permanentes. Practicar ataques en los que se incluyan movimientos de ayudas que se ofrezcan al jugador poseedor del balón por parte de sus compañeros.

Descripción del ejercicio:

____

____

____

____

____

____

____

____

____ **Duración** _______ minutos

Otros datos sobre la realización del ejercicio (Intensidad, series, repeticiones, etc.):

____

____

Mi ejercicio Núm. 46

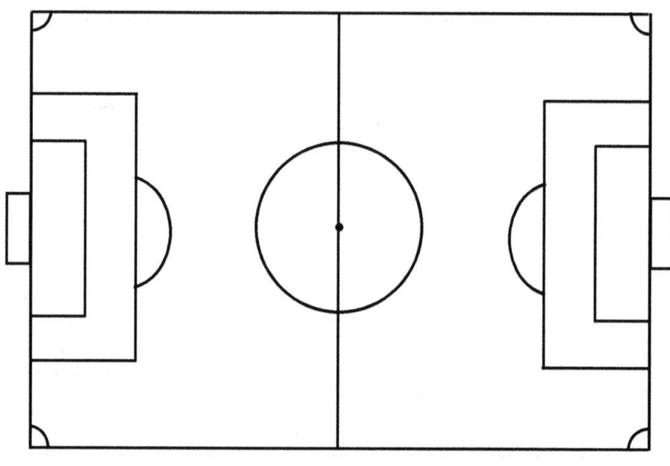

Número de jugadores: ________**Número de balones:** ________

Material necesario: ____

Objetivos: entrenamiento de ayudas permanentes. Practicar ataques en los que se incluyan movimientos de ayudas que se ofrezcan al jugador poseedor del balón por parte de sus compañeros

Descripción del ejercicio:

____

____

____

____

____

____

____

____**Duración** _______ minutos

Otros datos sobre la realización del ejercicio (Intensidad, series, repeticiones, etc.):

____

____

III.

TRANSICIONES DE ATAQUE Y DEFENSA

1. De ataque a defensa (Ejerc. 47 a 50)

Cuando el contrario nos arrebata el balón, lo normal es que realice con toda rapidez una transición defensa-ataque, es decir, pasar de defenderse a intentar poner en riesgo nuestra portería.
La transición de ataque a defensa, la realiza el equipo que pierde el balón, pasando todos sus jugadores a la acción defensiva, una vez perdida la posesión del balón.

Existen tres acciones que nos conviene realizar inmediatamente después de que nuestro equipo pierda la posesión del balón.
En cuanto perdamos la posesión del balón, rápidamente hay que potenciar la acción defensiva de nuestro equipo de forma colectiva para:

a) dificultar la progresión del adversario
b) defender nuestra portería y
c) recuperar la pelota y nuestra posición atacante.

Mi ejercicio Núm. 47

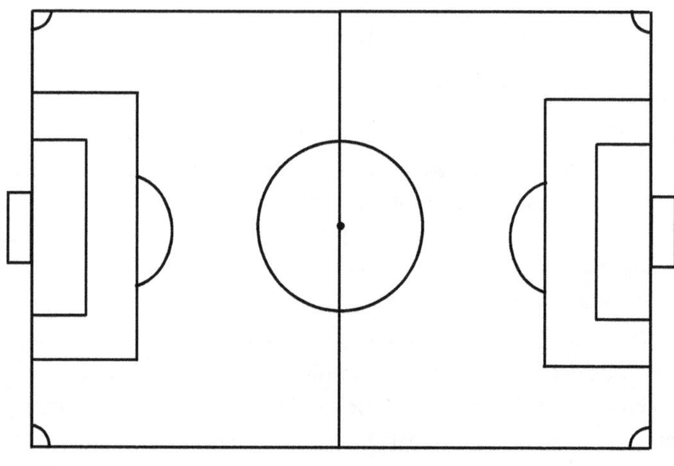

Número de jugadores: ________ **Número de balones:** ________

Material necesario: ____

Objetivos: entrenamiento del modelo táctico presionante avanzado. Trabajar la recuperación del balón, perdido en nuestro ataque. Presión intensiva, en campo contrario y defensa adelantada.

Descripción del ejercicio:

____

____

____

____

____

____

____

____

____ **Duración** _______ minutos

Otros datos sobre la realización del ejercicio (Intensidad, series, repeticiones, etc.):

____

____

Mi ejercicio Núm. 48

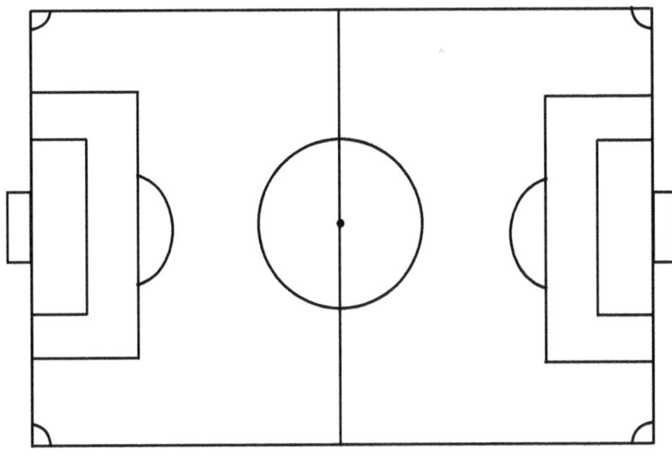

Número de jugadores: ________**Número de balones**: ________

Material necesario: ____

Objetivos: entrenamiento del modelo táctico presionante avanzado. Trabajar la recuperación del balón, perdido en nuestro ataque. Presión intensiva, en campo contrario y defensa adelantada

Descripción del ejercicio:

____
____
____
____
____
____
____
____

____**Duración** _______ minutos

Otros datos sobre la realización del ejercicio (Intensidad, series, repeticiones, etc.):

____
____

Mi ejercicio Núm. 49

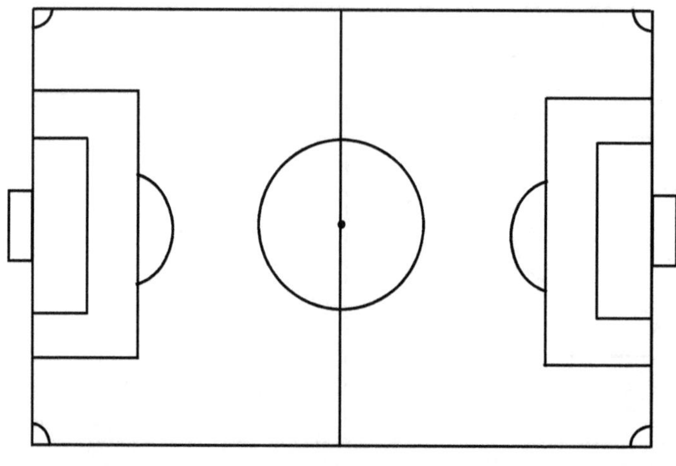

Número de jugadores: ________ **Número de balones:** ________

Material necesario: ____

Objetivos: entrenamiento del modelo táctico presionante intermedio. Trabajar la recuperación del balón, perdido en nuestro ataque. Presión intensiva en zona intermedia.

Descripción del ejercicio:

____

____

____

____

____

____

____

____

____ **Duración** ________ minutos

Otros datos sobre la realización del ejercicio (Intensidad, series, repeticiones, etc.):

____

____

Mi ejercicio Núm. 50

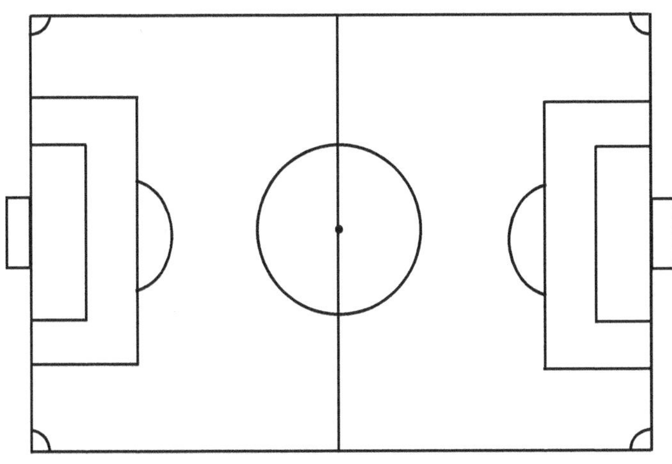

Número de jugadores: ________**Número de balones**: ________

Material necesario: ____

Objetivos: entrenamiento del modelo táctico presionante intermedio. Trabajar la recuperación del balón, perdido en nuestro ataque. Presión intensiva en zona intermedia.

Descripción del ejercicio:

____

____

____

____

____

____

____

____

____**Duración** _______ minutos

Otros datos sobre la realización del ejercicio (Intensidad, series, repeticiones, etc.):

____

____

2. La presión defensiva y sus objetivos (Ejerc. 51 y 52)

Es la acción de asedio o acoso sobre el equipo contrario, que se realiza una vez perdida la posesión del balón, sobre uno, varios o la totalidad de los adversarios, con la finalidad de no dejarles ninguna libertad de acción, arrebatarles la posesión del balón, provocarles un error en su juego o romper en su origen su juego ofensivo.

Pueden citarse los siguientes objetivos:

a) Reducir la capacidad ofensiva del equipo adversario.
b) Dificultar su progresión en el juego
c) Favorecer la recuperación del balón
d) Facilitar la rapidez en nuestra transición de defensa a ataque

En relación a la presión defensiva, es necesario que cada jugador conozca bien sus funciones, para realizar una acción colectiva eficaz.

Por ello, conviene concretar, como presionar, donde presionar y cuando aplicar la presión.

Mi ejercicio Núm. 51

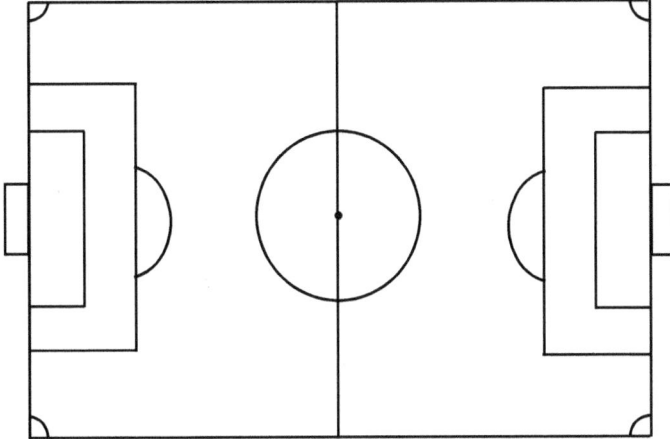

Número de jugadores: ________**Número de balones**: ________

Material necesario: ______________________________________

Objetivos: entrenamiento de la presión defensiva intensa, cubriendo todo el terreno de juego y con la participación de los once jugadores

Descripción del ejercicio:

____

____

____

____

____

____

____

____

______________________________________**Duración** _______ minutos

Otros datos sobre la realización del ejercicio (Intensidad, series, repeticiones, etc.):

____

____

Mi ejercicio Núm. 52

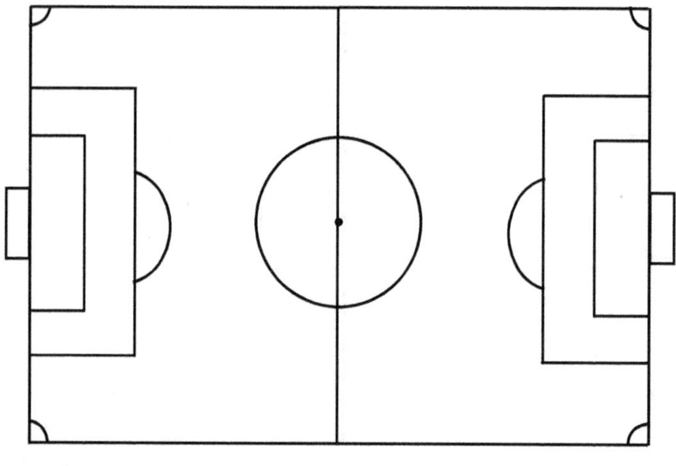

Número de jugadores: ________**Número de balones**: ________

Material necesario: ____

Objetivos: entrenamiento de la presión defensiva intensa, cubriendo todo el terreno de juego y con la participación de los once jugadores.

Descripción del ejercicio:

____

____

____

____

____

____

____

____

____________________________________**Duración** _______ minutos

Otros datos sobre la realización del ejercicio (Intensidad, series, repeticiones, etc.):

____

____

3. De defensa a ataque (Ejerc. 53 y 54)

Cuando recuperamos el balón, pasamos con orden y rapidez, desde nuestra acción defensiva a contraatacar al equipo adversario.

La transición de defensa a ataque, la realiza el equipo que recupera el balón, pasando inmediatamente todos sus jugadores a la acción ofensiva.

Existen tres acciones que nos conviene realizar inmediatamente después de que nuestro equipo recupera la posesión del balón.

En cuanto recuperemos la posesión del balón, rápidamente hay que potenciar la acción ofensiva de nuestro equipo de forma colectiva para:

a) Mantener la posesión del balón
b) Favorecer nuestra acción de ataque sobre la portería contraria y
c) Aplicar desmarques y juego en amplitud que propicien finalza ciones.

Mi ejercicio Núm. 53

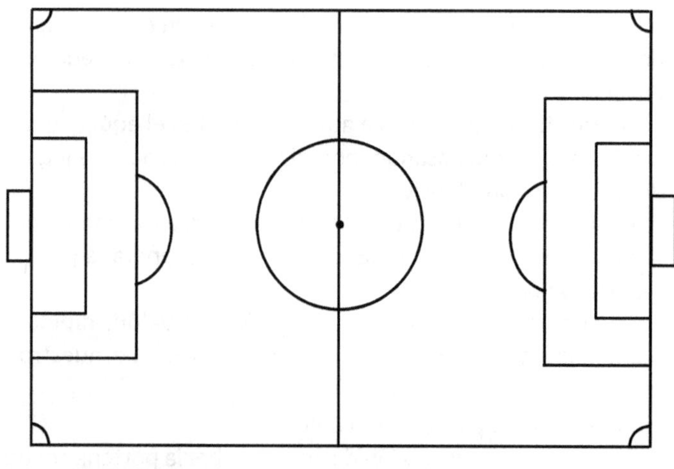

Número de jugadores: ________**Número de balones**: ________
Material necesario: ____

Objetivos: entrenamiento de la transición de defensa a ataque. Mantener la posesión aplicando desmarques y juego de amplitud para llegar con opciones a posiciones de tiro.

Descripción del ejercicio:

____
____
____
____
____
____
____
____
________________________________**Duración** _______ minutos

Otros datos sobre la realización del ejercicio (Intensidad, series, repeticiones, etc.):

____
____

Mi ejercicio Núm. 54

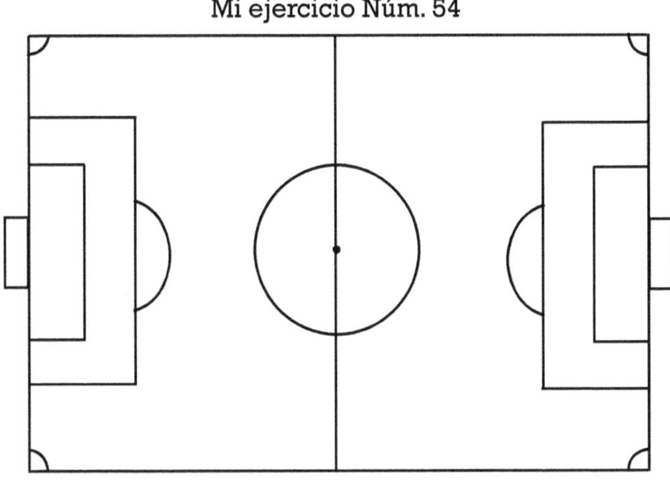

Número de jugadores: ________**Número de balones**: ________

Material necesario: ____

Objetivos: entrenamiento de la transición de defensa a ataque. Mantener la posesión aplicando desmarques y juego de amplitud para llegar con opciones a posiciones de tiro.

Descripción del ejercicio:

____

____

____

____

____

____

____

____

____**Duración** _______ minutos

Otros datos sobre la realización del ejercicio (Intensidad, series, repeticiones, etc.):

____

____

IV.
SISTEMAS DE JUEGO BÁSICOS Y ALGUNAS DE SUS VARIANTES
(Ejerc. 55 A 60)

Sistema de juego es la forma de posicionarse los jugadores en el terreno de juego, antes de realizar movimientos ofensivos o defensivos.

En un equipo ordenado y bien posicionado, el sistema que aplica en el partido es claramente observable en los saques de puerta, al final de un repliegue colectivo, etc.

De cada uno de los sistemas básicos, se desarrollan variantes.

1. La posición de los jugadores en un sistema básico de juego con 3 defensas: 1-3-4-3.
2. Un ejemplo de variante del sistema básico 1-3-4-3: el sistema 1-3-1-3-3.
3. La posición de los jugadores en un sistema básico de juego con 4 defensas: 1-4-4-2.
4. Un ejemplo de variante del sistema básico 1-4-4-2: el sistema 1-4-1-3-2.
5. La posición de los jugadores en un sistema básico de juego con 5 defensas: 1-5-3-2.
6. Un ejemplo de variante del sistema básico 1-5-3-2: el sistema 1-5-3-1-1.

Mi ejercicio Núm. 55

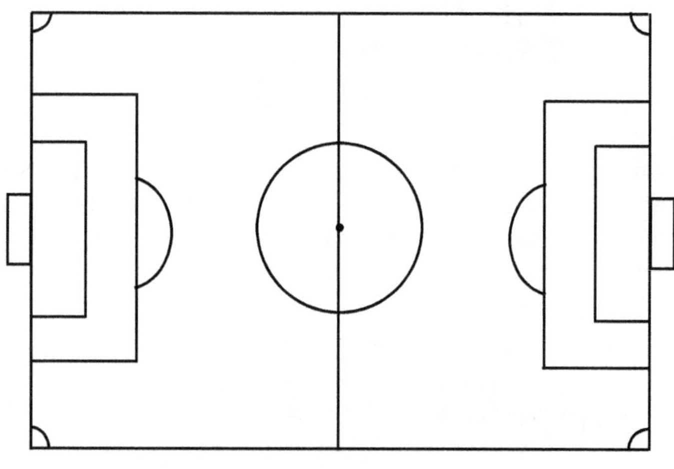

Número de jugadores: ________ **Número de balones:** ________

Material necesario: ____

Objetivos: entrenamiento del sistema básico de juego con 3 defensas: 1-3-4-3. Explicar las bases del sistema y asignar puestos y funciones. Practicar en juego real orientado (partido de 2 tiempos de 30 minutos)

Descripción del ejercicio:

____

____

____

____

____

____

____

____

Duración _______ minutos

Otros datos sobre la realización del ejercicio (Intensidad, series, repeticiones, etc.):

____

____

Mi ejercicio Núm. 56

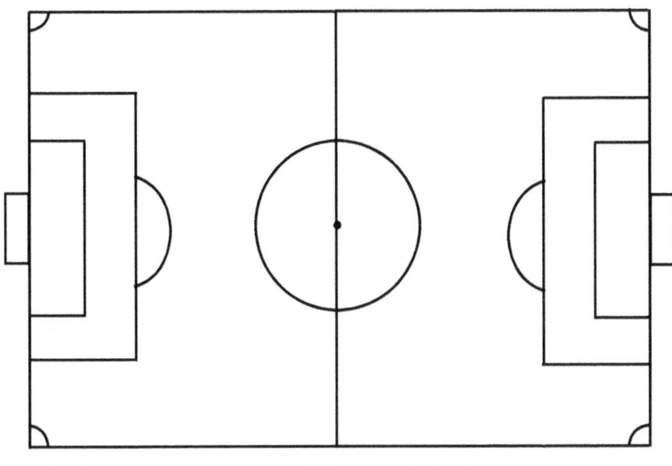

Número de jugadores: ________**Número de balones**: ________

Material necesario: ____

Objetivos: entrenar el sistema 1-3-1-3-3, una variante del sistema básico 1-3-4-3. Explicar las bases del sistema y asignar puestos y funciones. Practicar en juego real orientado (partido de 2 tiempos de 30 minutos)

Descripción del ejercicio:

____

____

____

____

____

____

____

____

____**Duración** _______ minutos

Otros datos sobre la realización del ejercicio (Intensidad, series, repeticiones, etc.):

____

____

Mi ejercicio Núm. 57

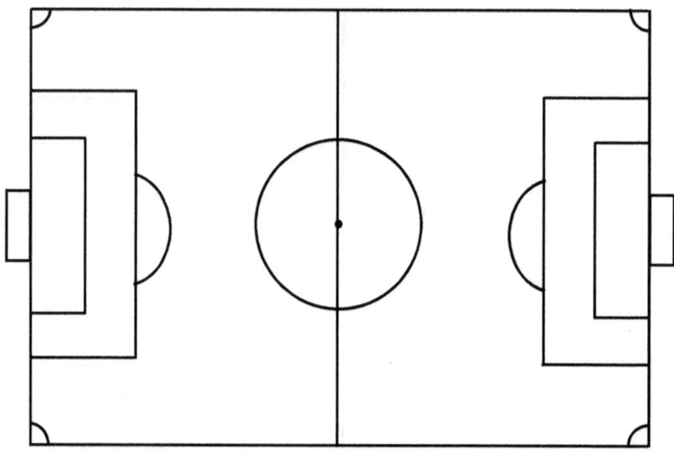

Número de jugadores: ________**Número de balones**: ________

Material necesario: ____

Objetivos: entrenamiento del sistema básico de juego con 4 defensas: 1-4-4-2. Explicar las bases del sistema y asignar puestos y funciones. Practicar en juego real orientado (partido de 2 tiempos de 30 minutos)

Descripción del ejercicio:

____

____

____

____

____

____

____

____

____**Duración** _______ minutos

Otros datos sobre la realización del ejercicio (Intensidad, series, repeticiones, etc.):

____

____

Mi ejercicio Núm. 58

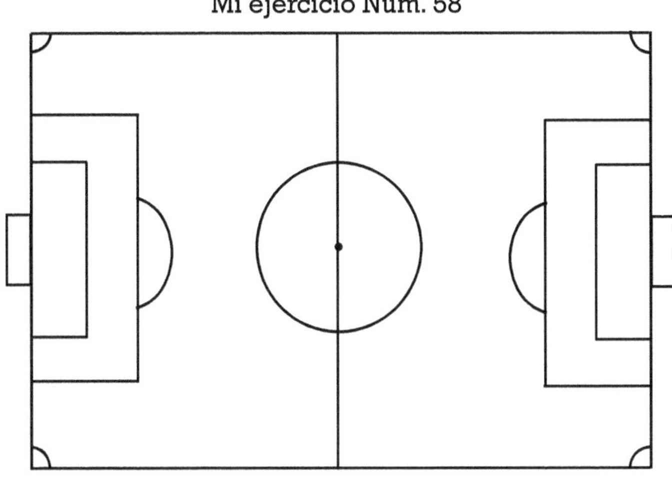

Número de jugadores: ________ **Número de balones**: ________

Material necesario: ____

Objetivos: entrenar el sistema 1-4-1-3-2, una variante del sistema básico 1-4-4-2. Explicar las bases del sistema y asignar puestos y funciones. Practicar en juego real orientado (partido de 2 tiempos de 30 minutos)

Descripción del ejercicio:

____

____

____

____

____

____

____

____

____________________________________ **Duración** _______ minutos

Otros datos sobre la realización del ejercicio (Intensidad, series, repeticiones, etc.):

____

____

Mi ejercicio Núm. 59

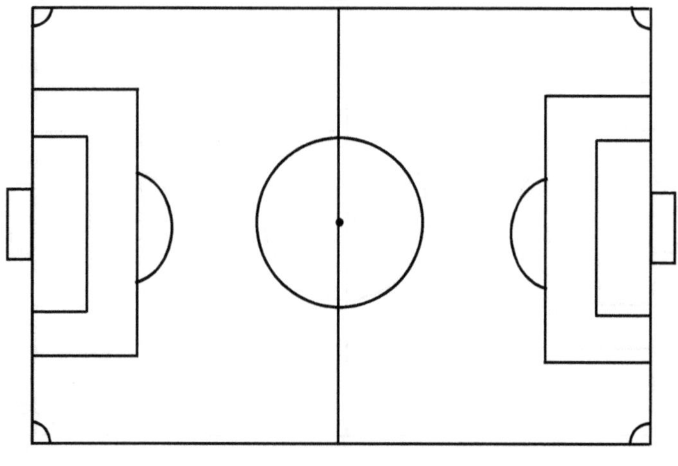

Número de jugadores: ________**Número de balones**: ________

Material necesario: ____

Objetivos: entrenamiento del sistema básico de juego con 5 defensas: 1-5-3-2. Explicar las bases del sistema y asignar puestos y funciones. Practicar en juego real orientado (partido de 2 tiempos de 30 minutos)

Descripción del ejercicio:

____

____

____

____

____

____

____

____

__________________________________**Duración** _______ minutos

Otros datos sobre la realización del ejercicio (Intensidad, series, repeticiones, etc.):

____

____

Mi ejercicio Núm. 60

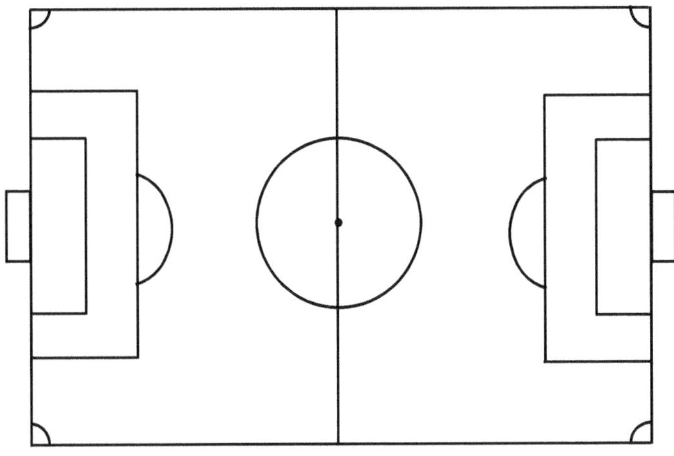

Número de jugadores: ________**Número de balones:** ________

Material necesario: ____

Objetivos: entrenar el sistema 1-5-3-1-1, una variante del sistema básico 1-5-3-2. Explicar las bases del sistema y asignar puestos y funciones. Practicar en juego real orientado (partido de 2 tiempos de 30 minutos

Descripción del ejercicio:

____

____

____

____

____

____

____

____

____**Duración** _______ minutos

Otros datos sobre la realización del ejercicio (Intensidad, series, repeticiones, etc.):

____

____

V. EJEMPLOS DE USO DE PLANTILLAS (1 AL 10)

1. Ejemplo de ejercicio.

Ataque combinativo.

Nuestro equipo aplica sistema 1-4-4-2. La jugada la inicia nuestro portero con saque de puerta. Partiendo de la posición que tienen nuestros jugadores en el campo de fútbol del gráfico, se desarrolla un ataque combinativo completo que termina en tiro a gol.

Se indica mediante flechas, las combinaciones con el balón y los posibles movimientos de nuestros jugadores.

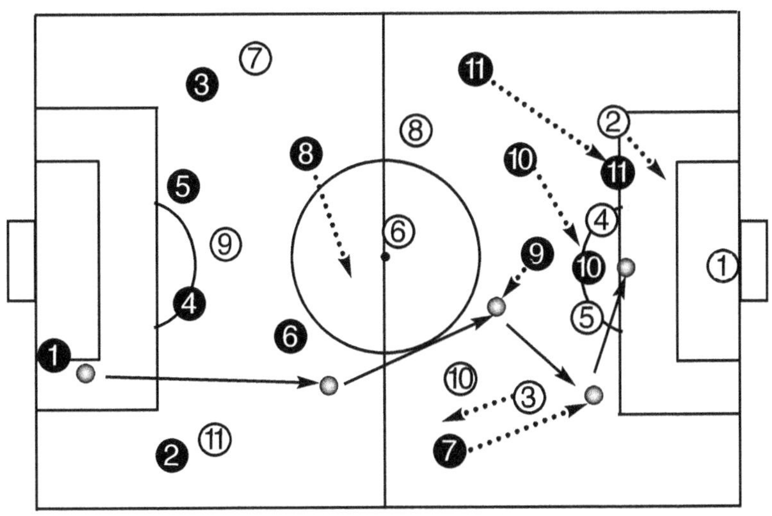

2. Ejemplo de ejercicio.

Contraataque directo.

Nuestro equipo aplica sistema 1-4-3-3. La jugada la inicia nuestro portero con la mano, después de blocar un balón en ataque adversario. Partiendo de la posición que tienen nuestros jugadores en el campo de fútbol del gráfico, se desarrolla un ataque directo completo que termina en tiro a gol.

Se indica mediante flechas, las combinaciones con el balón y movimientos de nuestros jugadores.

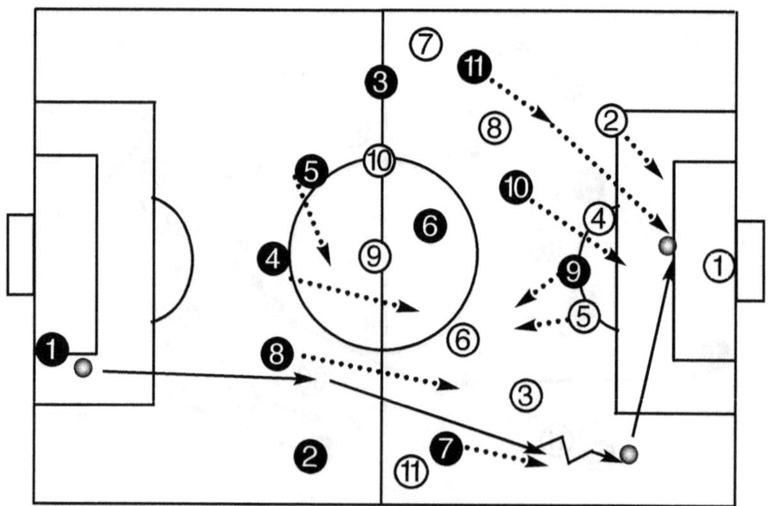

3. Ejemplo de ejercicio.

Cobertura y permuta

Nuestro equipo tiene al portero y a una línea de 4 defensas delante, en el frontal de su área. El jugador 7 adversario entra por banda derecha con el balón. Nuestro lateral izquierdo 3 le hace entrada frontal, pero es desbordado y dicho 7 profundiza con el balón. Nuestro central 5, hace cobertura y va sobre el contrario. Nuestro jugador 3 hace permuta a la posición de 5. Las flechas que señalan los movimientos de jugadores y balón.

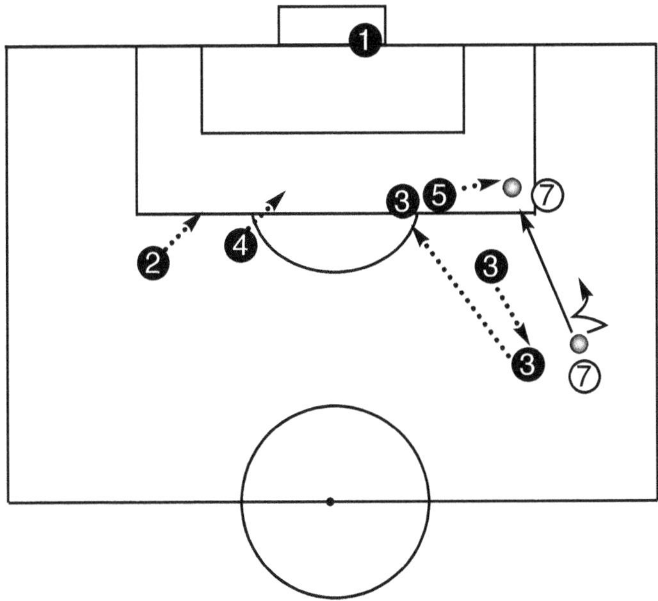

4. Ejemplo de ejercicio

Contraataque con desmarques cruzados.

El jugador contrario 8 conduce dentro de su medio campo con su compañero 6, desmarcado a su izquierda, a quién hace un pase. Antes de que el balón llegue a su compañero, nuestro centrocampista 8 se apodera del balón y salimos en contraataque que finaliza con tiro a puerta de 11. Jugada de interceptación, pase y contraataque. Se indica mediante flechas los movimientos y la posición final en que quedarán cada uno de nuestros jugadores.

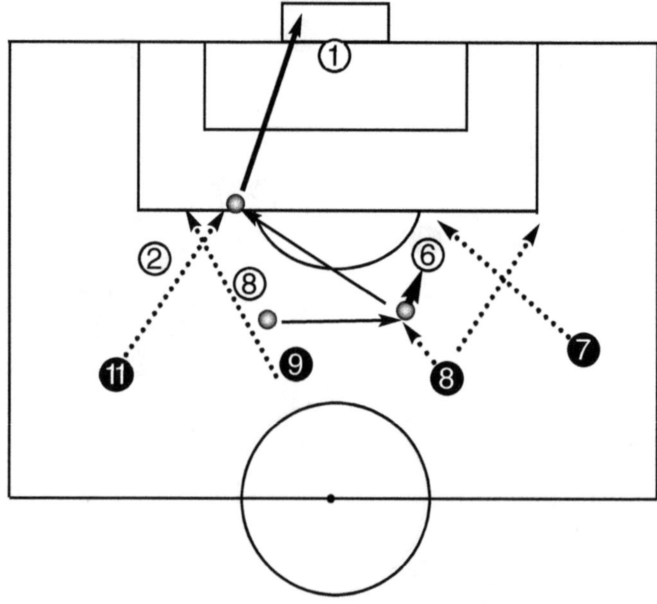

5. Ejemplo de ejercicio

Contraataque combinativo.

Nuestro central 4 hace una recuperación de balón en el frontal de nuestra área. Estamos en una situación favorable en cuanto a seguridad para salir en contraataque combinado. Nuestro bloque defensivo inicia el referido contraataque y se posiciona también al resto de nuestro equipo. Se indica con flechas el desarrollo del contraataque: desmarques, pases, apoyos, etc., que son conveniente para llegar a nuestro delantero 9, que tira a puerta.

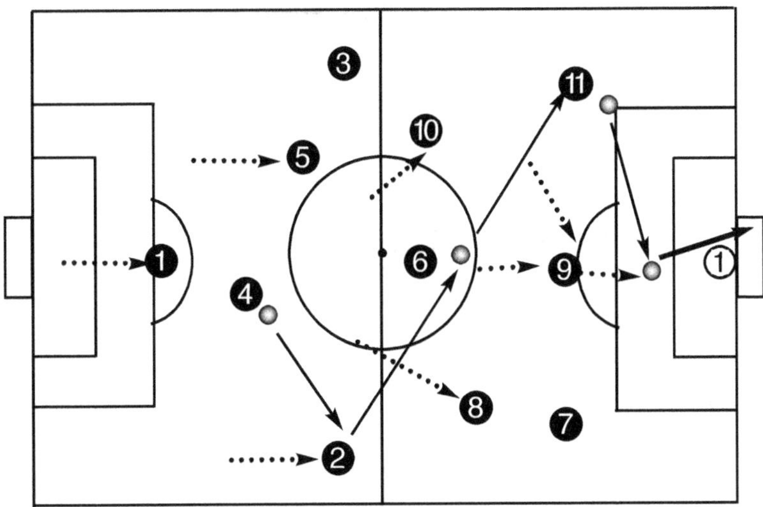

6. Ejemplo de ejercicio

Basculación.

En el frontal próximo a nuestra área hay una línea de 4 defensores. El adversario 11, profundiza y nuestro defensa lateral derecho 2 se adelanta para cortar su progresión. Se representa con flechas el movimiento de 2 y las direcciones y los movimientos necesarios para una correcta basculación de sus compañeros 4, 5 y 3.

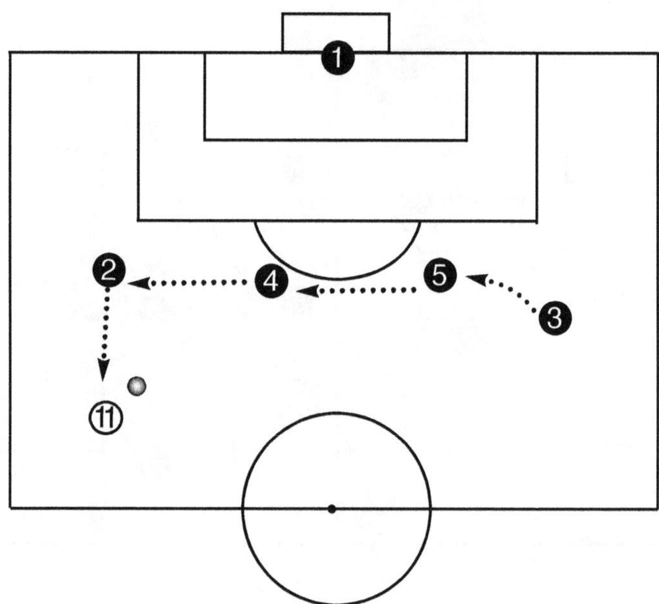

7. Ejemplo de ejercicio

Cobertura y permuta.

El jugador contrario 11 entra conduciendo por su banda izquierda. Nuestra última línea de defensa de 4 jugadores (2, 4,5 y 3) y el portero 1, están en la posición inicial que se indica en el gráfico. El nº 2 sale a cortar el avance del contrario 11, pero es desbordado. 4 sale en cobertura de 2 y este, permuta con 4. Se representan los movimientos necesarios en los cuatro defensores.

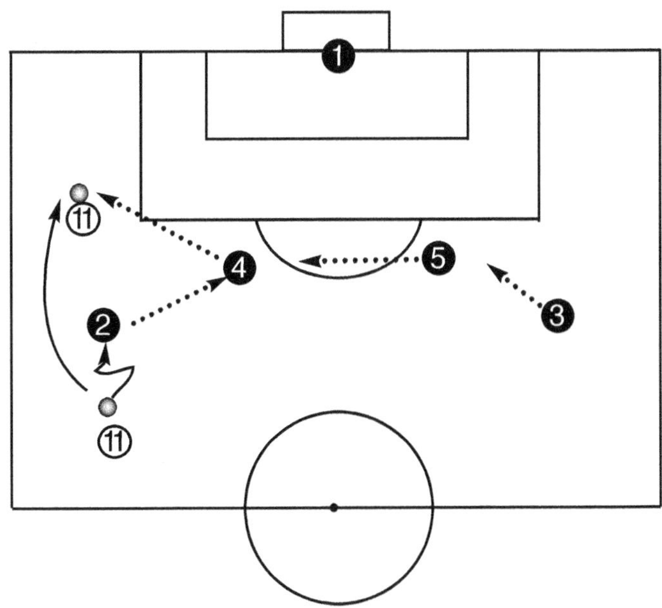

8. Ejemplo de ejercicio

Desmarques de apoyo y frontal.

Nuestro centrocampista defensivo 6 ha recuperado un balón sobre el círculo central. Partiendo de la posición que tienen los jugadores de nuestro equipo en el terreno de juego, se representan con flechas, los movimientos que deben hacer todos los jugadores, para ocupar favorablemente el terreno y de forma que a nuestro centrocampista 6, poseedor del balón, 8, le ofrezca desmarque de apoyo lateral y 9, le ofrezca desmarque de apoyo frontal.

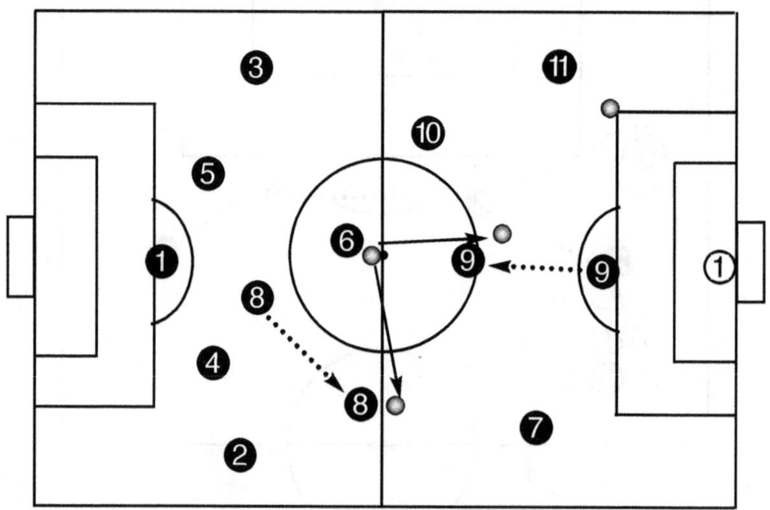

9. Ejemplo de ejercicio

Contraataque con desmarque de ruptura.

Nuestro defensa lateral izquierdo 3, ha recuperado un balón en la zona de su pasillo sobre la línea divisoria de campos. Partiendo de la posición de los jugadores en el terreno de juego, se representan con flechas, los movimientos que deben hacer todos los jugadores, para ocupar favorablemente el terreno y de forma que a nuestro defensa lateral izquierdo 3, poseedor del balón, su compañero 11 le ofrezca desmarque de ruptura y sus compañeros 6, 7, 8, 9 y 10, colaboren en la acción ofensiva.

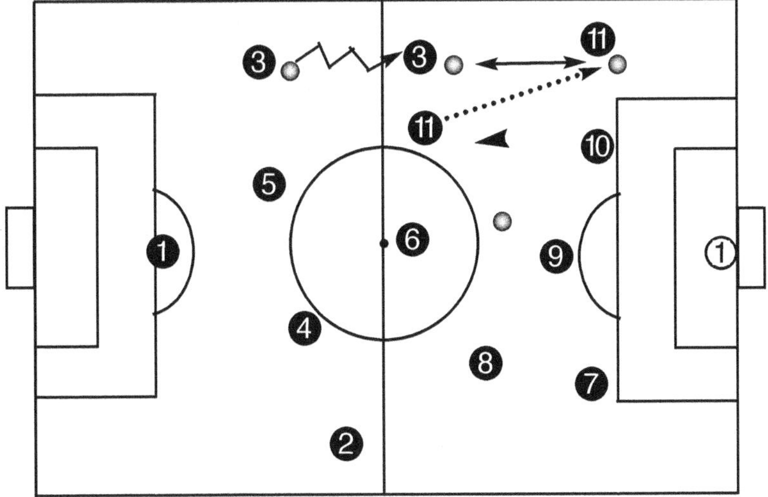

10. Ejemplo de ejercicio

Apoyos, cambios de orientación, desmarques

Cuatro atacantes y dos defensores (uno portero), situados según el gráfico.

El jugador 6 inicia con pase a la banda de 7, que controla y hace cambio de orientación del juego a 11, que se desmarca por la izquierda. 11 realiza control orientado y pase a 9 en el frontal del área penal. 9 hace regate compuesto al defensor 5, buscando ángulo para su tiro a gol.

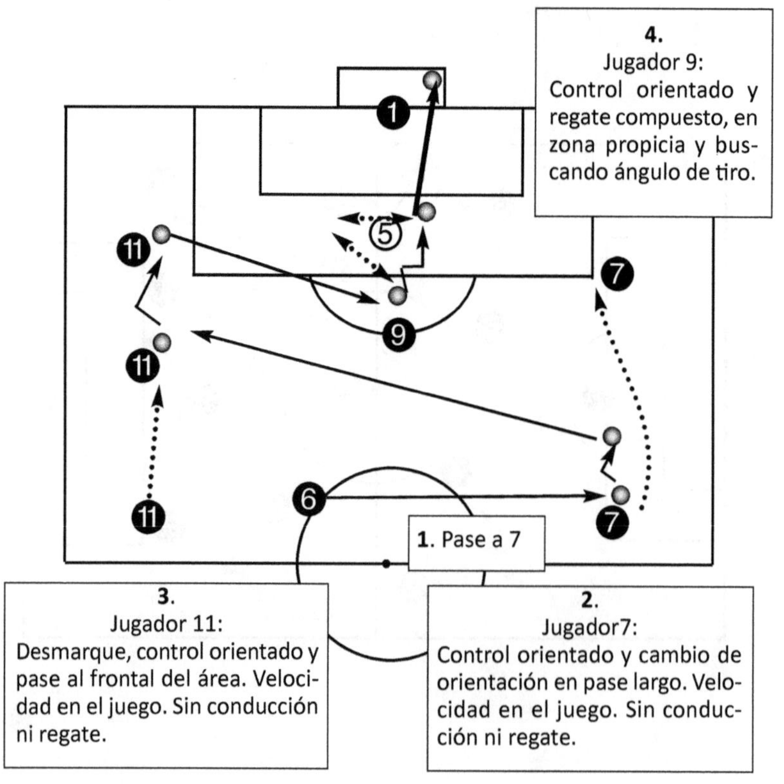

4.
Jugador 9:
Control orientado y regate compuesto, en zona propicia y buscando ángulo de tiro.
1
5
11
7
9
11
11
6
7
1. Pase a 7
3.
Jugador 11:
Desmarque, control orientado y pase al frontal del área. Velocidad en el juego. Sin conducción ni regate.
2.
Jugador7:
Control orientado y cambio de orientación en pase largo. Velocidad en el juego. Sin conducción ni regate.

VI.

PLANTILLAS EN BLANCO, APLICABLES A LA REDACCIÓN DE EJERCICIOS PARA CUALQUIER CONTENIDO ENTRENABLE

(técnica, táctica, balón parado, preparación física, etc.)

- 10 plantillas para entrenamiento en circuito
- 20 plantillas para entrenamiento en campo completo
- 5 plantillas para entrenamiento por grupos (8 jugadores)
- 5 plantillas para entrenamiento por grupos (10 jugadores)
- 5 plantillas para entrenamientos por grupos de 12/14 jugadores
- 5 plantillas para entrenamiento por grupos (6 jugadores)
- 10 plantillas para entrenamiento en medio campo de juego

ENTRENAMIENTO EN CIRCUITO Nº ______

Objetivos____

Nº de postas _______ Tiempo en cada posta _______ minutos

Recuperación entre postas____ minutos

Nº de series_______Recuperación entre series________minutos

Duración total del circuito______ minutos.

Material:____.

Desarrollo | Representación gráfica del circuito

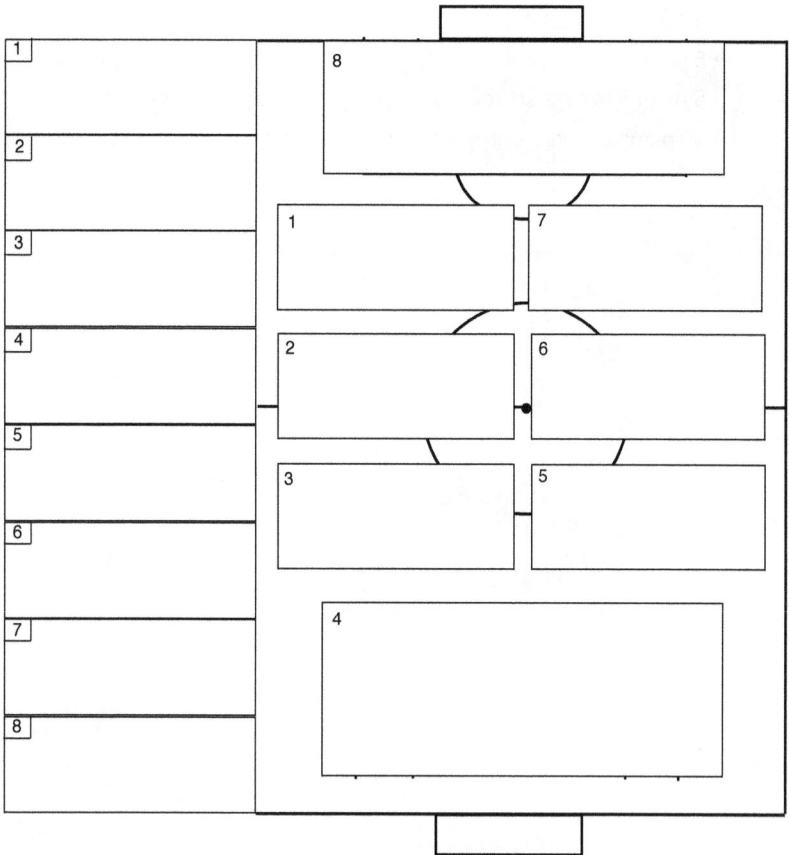

Desarrollo
1
2
3
4
5
6
7
8

8

1 7

2 6

3 5

4

ENTRENAMIENTO EN CIRCUITO Nº ______

Objetivos____

Nº de postas _______ Tiempo en cada posta _______ minutos

Recuperación entre postas____ minutos

Nº de series________Recuperación entre series_________minutos

Duración total del circuito______ minutos.

Material:____.

Desarrollo

Desarrollo
1
2
3
4
5
6
7
8

Representación gráfica del circuito

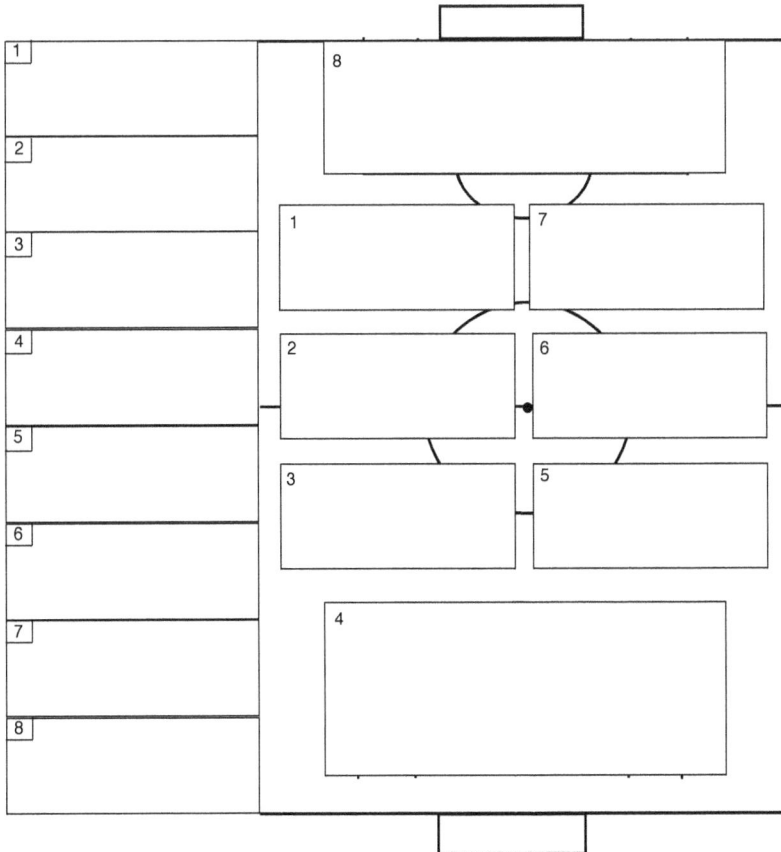

8

1 7

2 6

3 5

4

ENTRENAMIENTO EN CIRCUITO Nº ______

Objetivos____

Nº de postas _______ Tiempo en cada posta _______ minutos

Recuperación entre postas____ minutos

Nº de series_______Recuperación entre series________minutos

Duración total del circuito______ minutos.

Material:____.

Desarrollo Representación gráfica del circuito

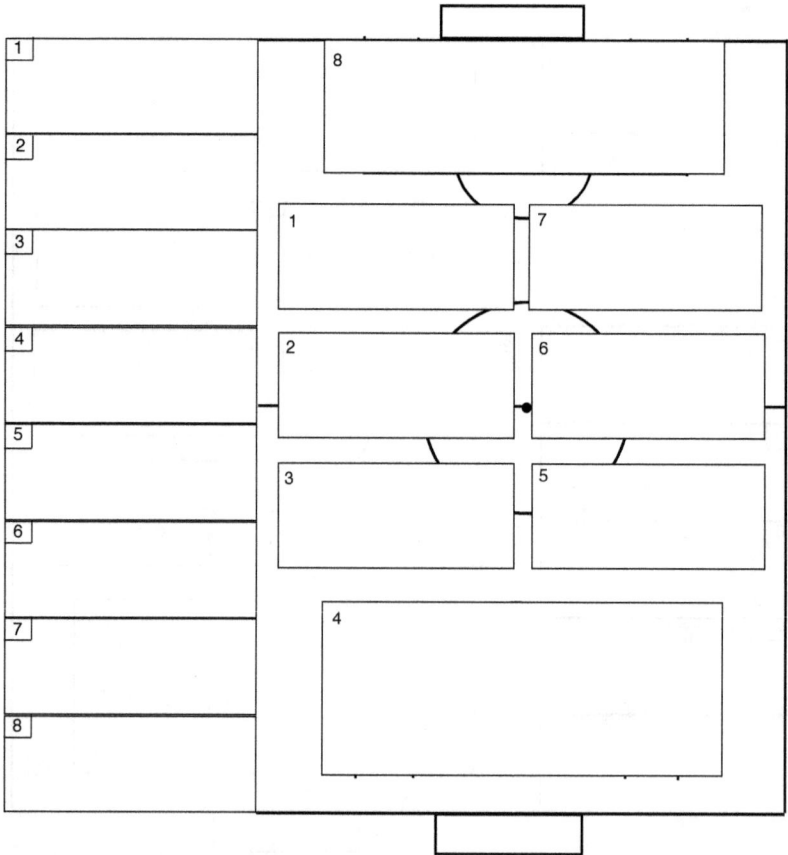

Desarrollo
1
2
3
4
5
6
7
8

8

1 7

2 6

3 5

4

ENTRENAMIENTO EN CIRCUITO Nº ______

Objetivos____

Nº de postas _______ Tiempo en cada posta _______ minutos

Recuperación entre postas____ minutos

Nº de series_______Recuperación entre series________minutos

Duración total del circuito______ minutos.

Material:____.

Desarrollo

Representación gráfica del circuito

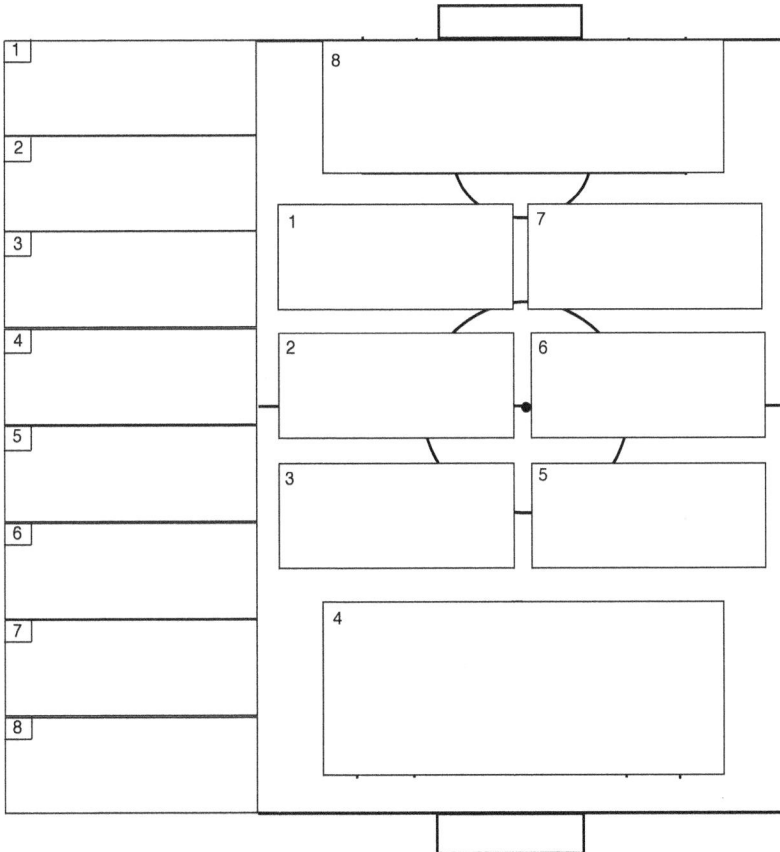

Desarrollo
1
2
3
4
5
6
7
8

8

1

7

2

6

3

5

4

ENTRENAMIENTO EN CIRCUITO Nº ______

Objetivos____

Nº de postas _______ Tiempo en cada posta _______ minutos

Recuperación entre postas____ minutos

Nº de series_______Recuperación entre series________minutos

Duración total del circuito______ minutos.

Material:____.

Desarrollo

Representación gráfica del circuito

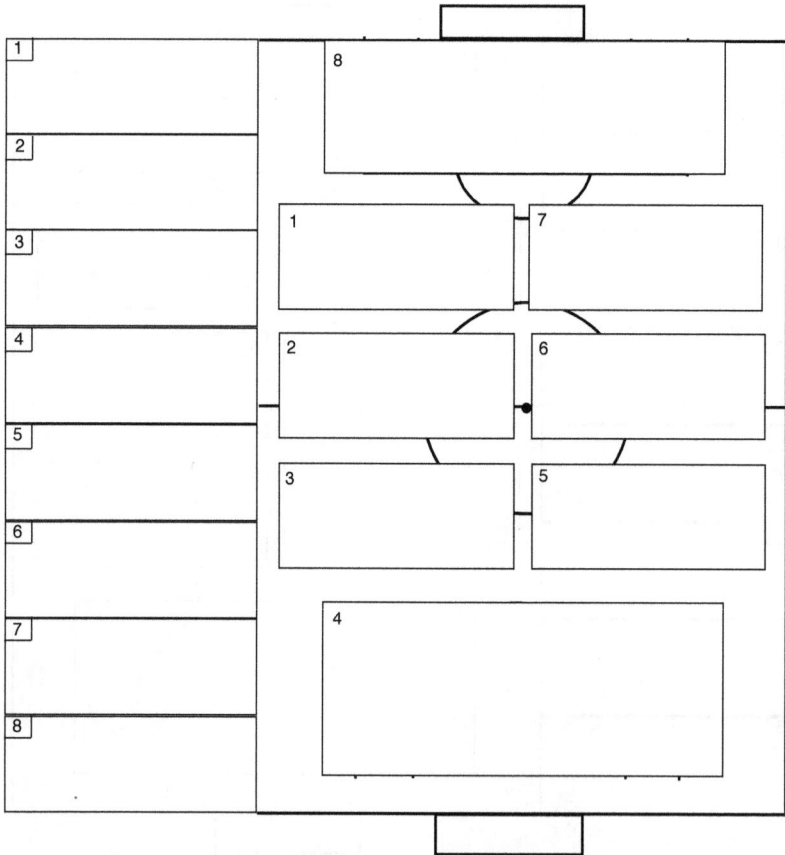

Desarrollo
1
2
3
4
5
6
7
8

8

1 7

2 6

3 5

4

ENTRENAMIENTO EN CIRCUITO Nº ______

Objetivos____

Nº de postas _______ Tiempo en cada posta _______ minutos

Recuperación entre postas_____ minutos

Nº de series________Recuperación entre series_________minutos

Duración total del circuito______ minutos.

Material:____.

Desarrollo

Representación gráfica del circuito

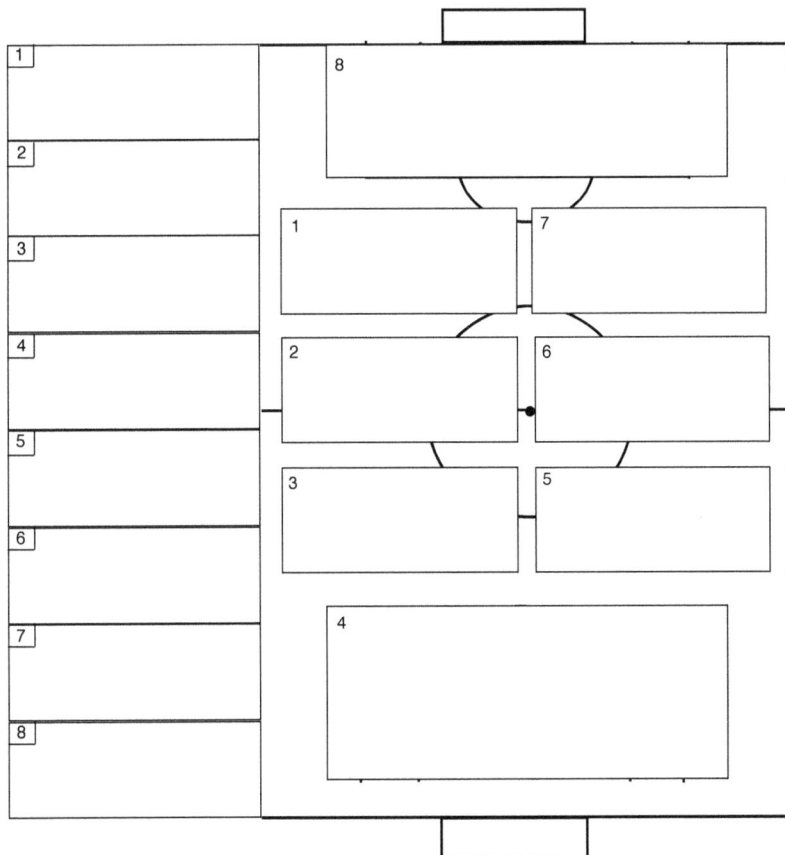

1

2

3

4

5

6

7

8

8

1

7

2

6

3

5

4

ENTRENAMIENTO EN CIRCUITO Nº ______

Objetivos____

Nº de postas _______ Tiempo en cada posta _______ minutos

Recuperación entre postas____ minutos

Nº de series________Recuperación entre series________minutos

Duración total del circuito______ minutos.

Material:____.

Desarrollo

1

2

3

4

5

6

7

8

Representación gráfica del circuito

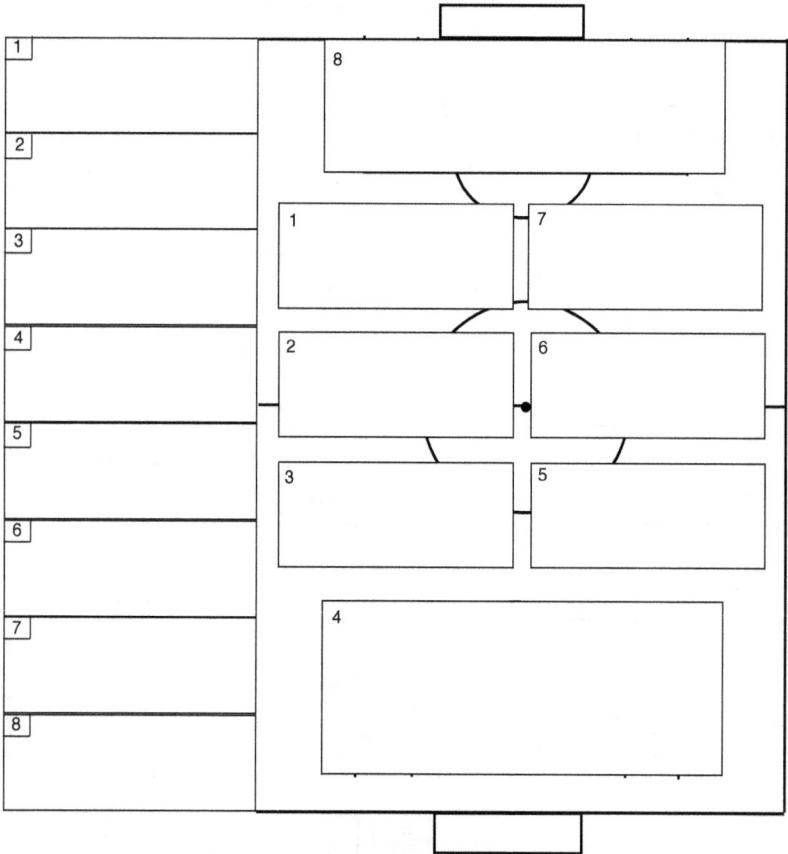

8

1

7

2

6

3

5

4

ENTRENAMIENTO EN CIRCUITO Nº ______

Objetivos____

Nº de postas _______ Tiempo en cada posta _______ minutos

Recuperación entre postas____ minutos

Nº de series_______Recuperación entre series________minutos

Duración total del circuito______ minutos.

Material:____.

Desarrollo

Desarrollo
1
2
3
4
5
6
7
8

Representación gráfica del circuito

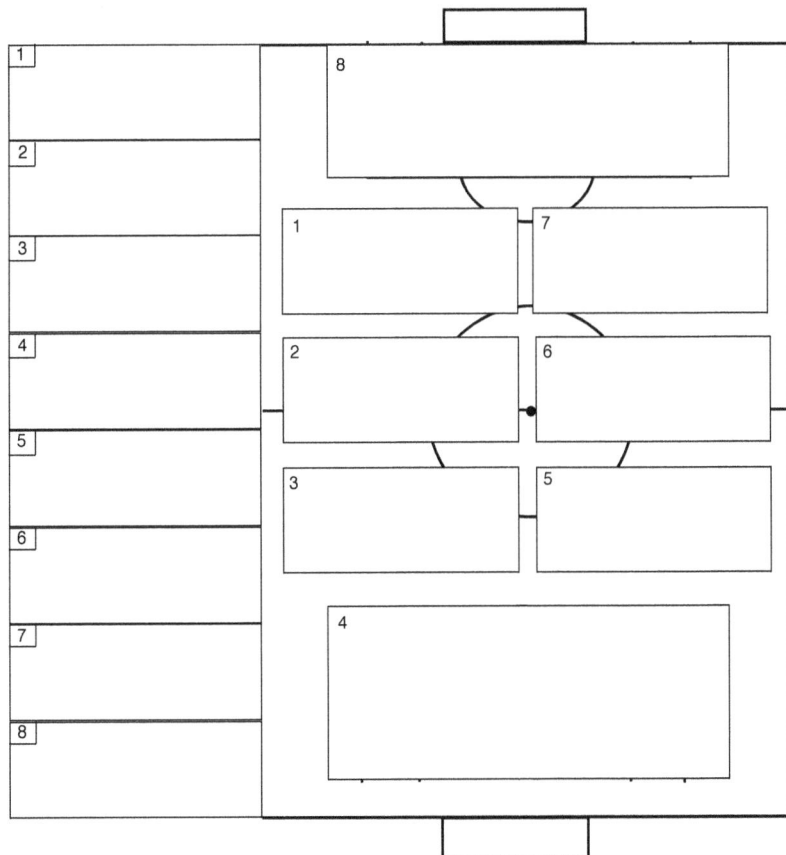

8

1 7

2 6

3 5

4

ENTRENAMIENTO EN CIRCUITO Nº ______

Objetivos____

Nº de postas _______ Tiempo en cada posta _______ minutos

Recuperación entre postas____ minutos

Nº de series_______Recuperación entre series________minutos

Duración total del circuito______ minutos.

Material:____.

Desarrollo

Representación gráfica del circuito

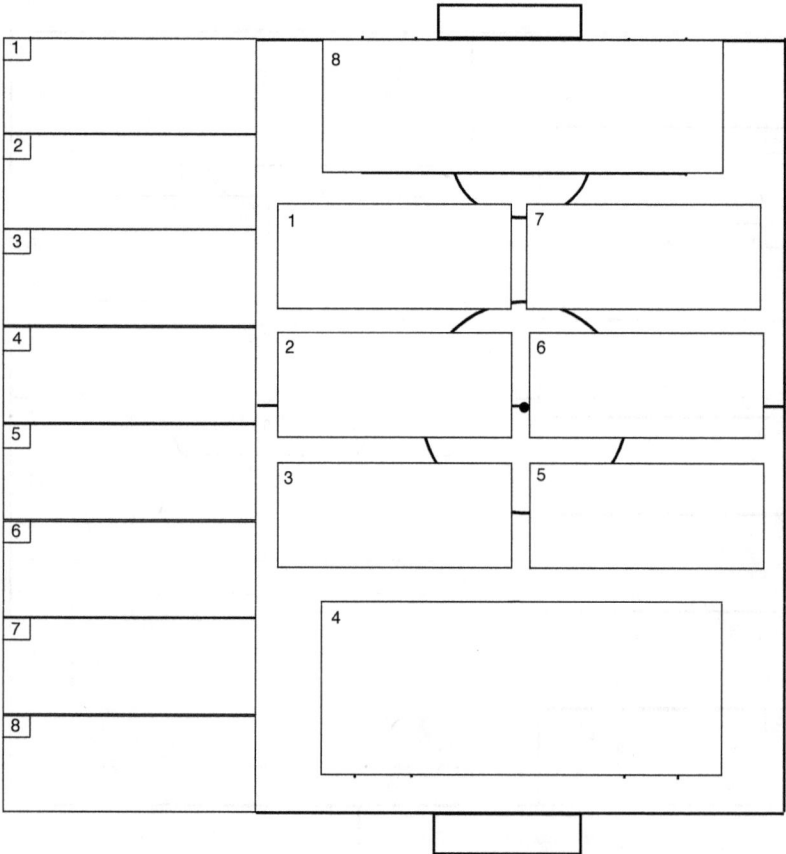

Desarrollo	Representación gráfica del circuito
1	8
2	1 / 7
3	2 / 6
4	3 / 5
5	4
6	
7	
8	

ENTRENAMIENTO EN CIRCUITO Nº ______

Objetivos____

Nº de postas _______ Tiempo en cada posta _______ minutos

Recuperación entre postas____ minutos

Nº de series_______Recuperación entre series________minutos

Duración total del circuito______ minutos.

Material:____.

Desarrollo

Representación gráfica del circuito

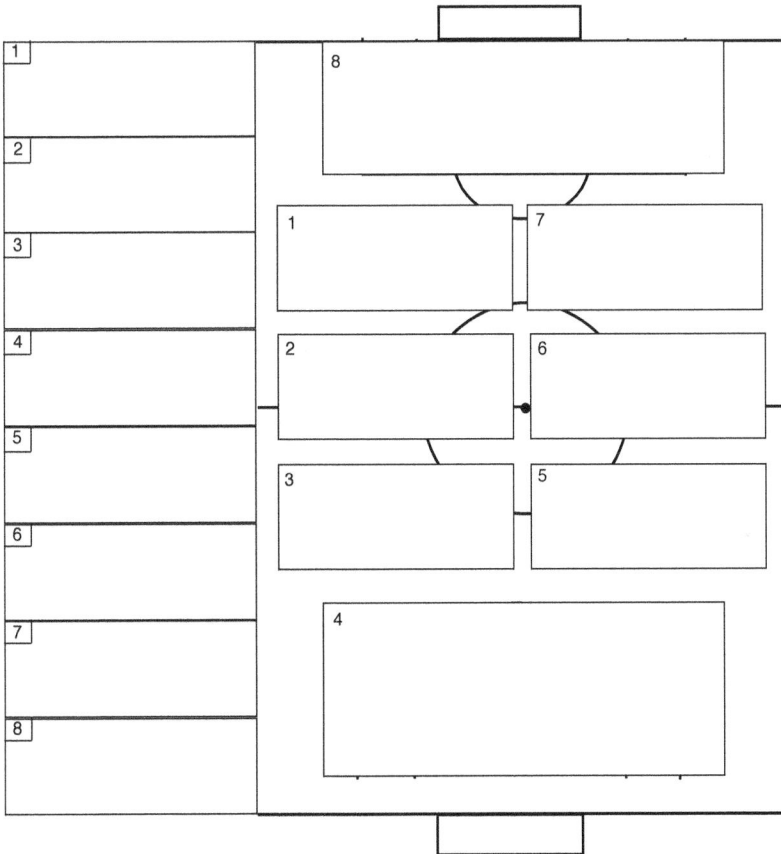

Desarrollo
1
2
3
4
5
6
7
8

8

1 7

2 6

3 5

4

Mi ejercicio Núm. ____

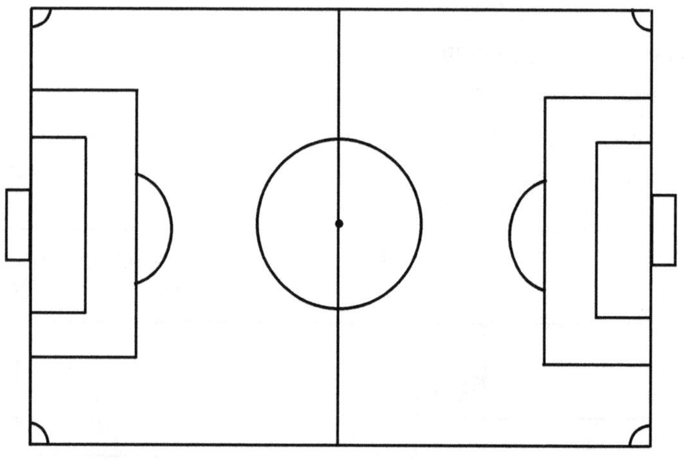

Número de jugadores: ________**Número de balones:** ________

Material necesario: ____

Objetivos:____

____

____

Descripción del ejercicio:

____

____

____

____

____

____

____

____

____**Duración** _______ minutos

Otros datos sobre la realización del ejercicio (Intensidad, series, repeticiones, etc.):

____

____

Mi ejercicio Núm. ____

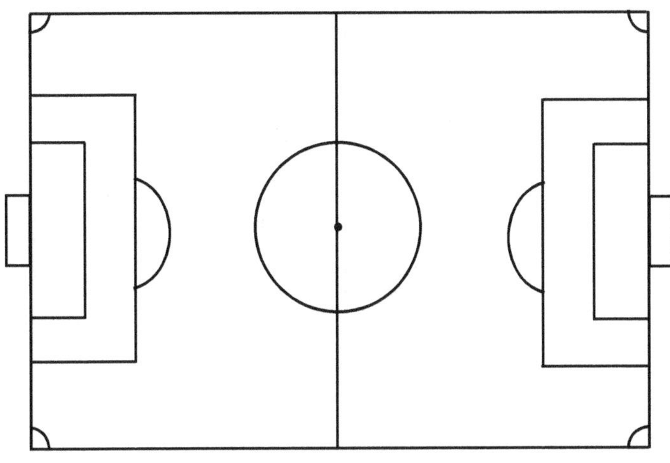

Número de jugadores: ________**Número de balones:** ________

Material necesario: ____

Objetivos:____

____

____

Descripción del ejercicio:

____

____

____

____

____

____

____

____

____**Duración** _______ minutos

Otros datos sobre la realización del ejercicio (Intensidad, series, repeticiones, etc.):

____

____

Mi ejercicio Núm. ____

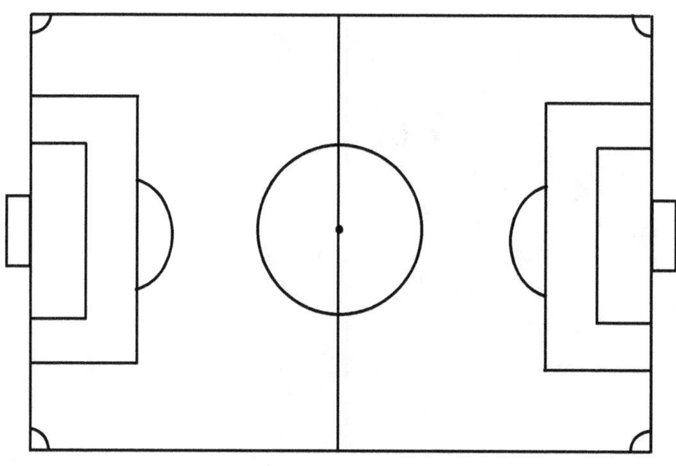

Número de jugadores: ________**Número de balones:** ________

Material necesario: ________________________________

Objetivos:____

____

____

Descripción del ejercicio:

____

____

____

____

____

____

____

____

________________________________**Duración** ______ minutos

Otros datos sobre la realización del ejercicio (Intensidad, series, repeticiones, etc.):

____

____

Mi ejercicio Núm. ____

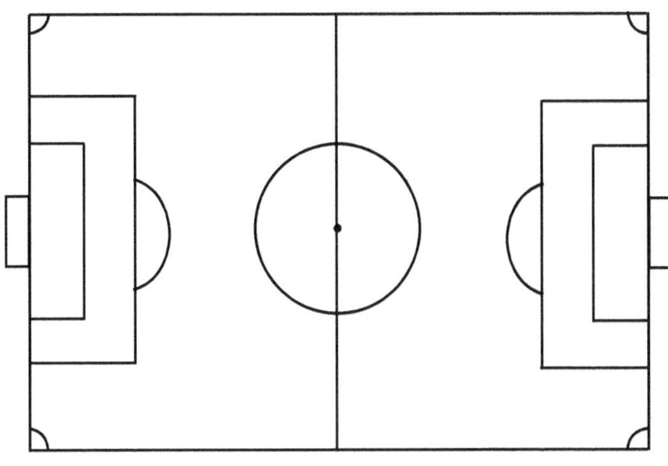

NNúmero de jugadores: ________**Número de balones:** ________

Material necesario: ____

Objetivos:____

____

____

Descripción del ejercicio:

____

____

____

____

____

____

____

____

____**Duración** _______ minutos

Otros datos sobre la realización del ejercicio (Intensidad, series, repeticiones, etc.):

____

____

Mi ejercicio Núm. ____

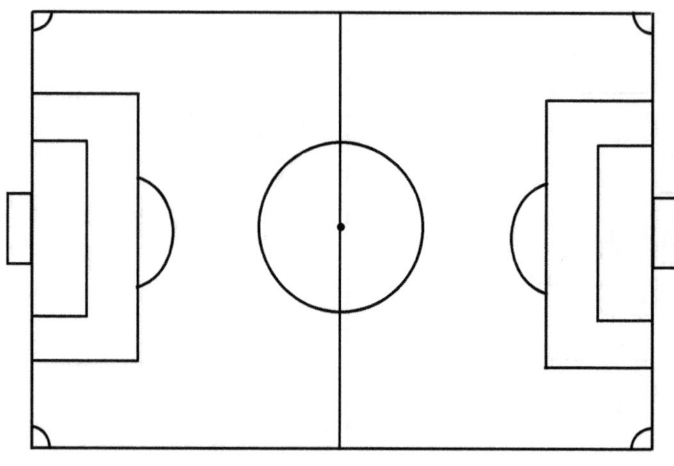

Número de jugadores: ________**Número de balones:** ________

Material necesario: ____________________________________

Objetivos:____

____

____

Descripción del ejercicio:

____

____

____

____

____

____

____

____

____________________________________**Duración** _______ minutos

Otros datos sobre la realización del ejercicio (Intensidad, series, repeticiones, etc.):

____

____

Mi ejercicio Núm. ____

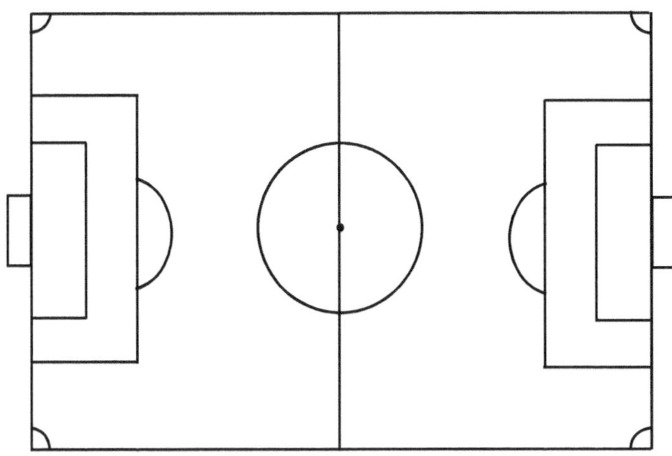

Número de jugadores: ________**Número de balones**: ________

Material necesario: ____

Objetivos:____

____

____

Descripción del ejercicio:

____

____

____

____

____

____

____

____

____**Duración** _______ minutos

Otros datos sobre la realización del ejercicio (Intensidad, series, repeticiones, etc.):

____

____

Mi ejercicio Núm. ____

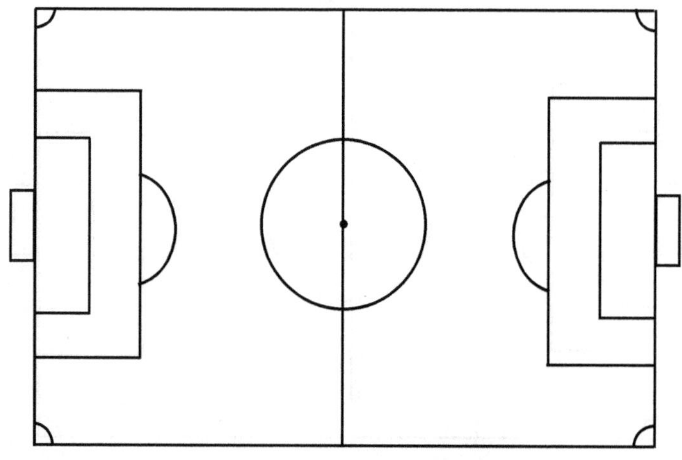

Número de jugadores: ________**Número de balones:** ________

Material necesario: ____

Objetivos:____

____

____

Descripción del ejercicio:

____

____

____

____

____

____

____

____

____**Duración** ________ minutos

Otros datos sobre la realización del ejercicio (Intensidad, series, repeticiones, etc.):

____

____

Mi ejercicio Núm. ____

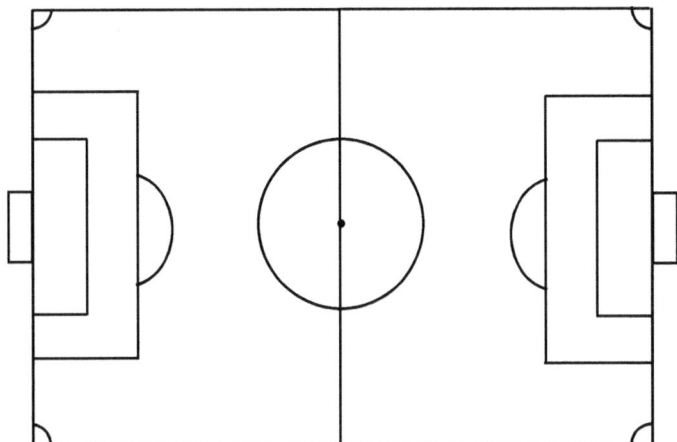

Número de Número de jugadores: ________**Número de balones**: ________

Material necesario: ____

Objetivos:____

____

____

Descripción del ejercicio:

____

____

____

____

____

____

____

____

____**Duración** _______ minutos

Otros datos sobre la realización del ejercicio (Intensidad, series, repeticiones, etc.):

____

____

Mi ejercicio Núm. ____

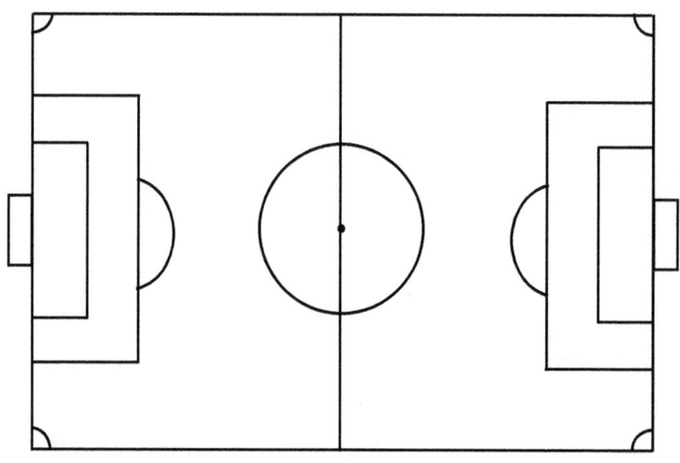

Número de jugadores: ________**Número de balones:** ________

Material necesario: ____

Objetivos:____

____

____

Descripción del ejercicio:

____

____

____

____

____

____

____

____

____**Duración** _______ minutos

Otros datos sobre la realización del ejercicio (Intensidad, series, repeticiones, etc.):

____

____

Mi ejercicio Núm. ____

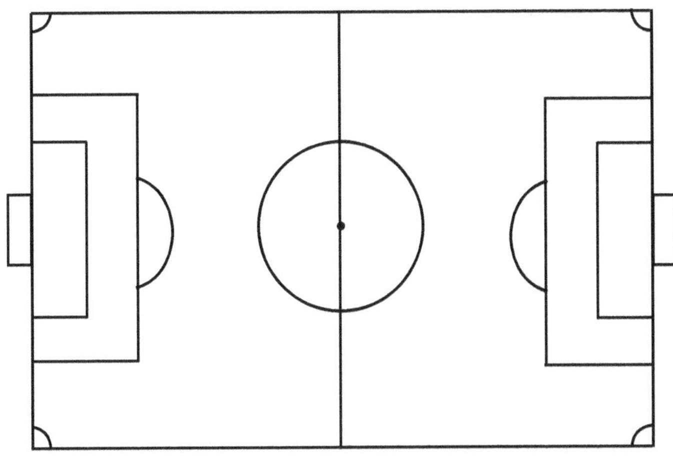

Número de jugadores: ________**Número de balones:** ________

Material necesario: ____________________________________

Objetivos:____

____

____

Descripción del ejercicio:

____

____

____

____

____

____

____

____

____________________________________**Duración** _______ minutos

Otros datos sobre la realización del ejercicio (Intensidad, series, repeticiones, etc.):

____

____

Mi ejercicio Núm. ____

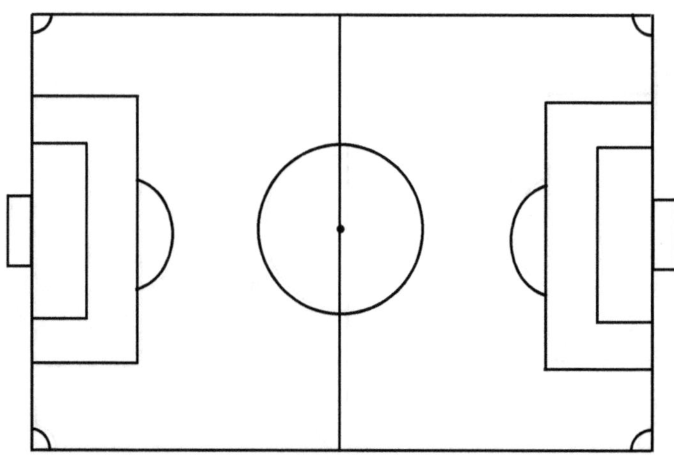

Número de jugadores: ________**Número de balones:** ________

Material necesario: ______________________________________

Objetivos:____

____

____

Descripción del ejercicio:

____

____

____

____

____

____

____

____

______________________________________**Duración** _______ minutos

Otros datos sobre la realización del ejercicio (Intensidad, series, repeticiones, etc.):

____

____

Mi ejercicio Núm. ____

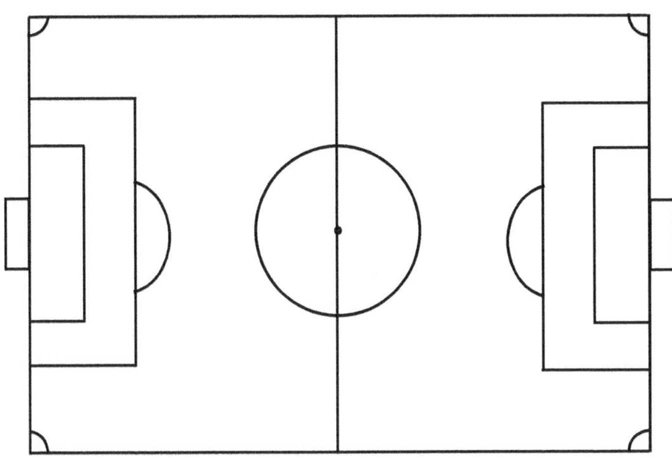

Número de jugadores: ________**Número de balones:** ________

Material necesario: ______________________________

Objetivos:______________________________

____

____

Descripción del ejercicio:

____

____

____

____

____

____

____

____

______________________________**Duración** _______ minutos

Otros datos sobre la realización del ejercicio (Intensidad, series, repeticiones, etc.):

____

____

Mi ejercicio Núm. ____

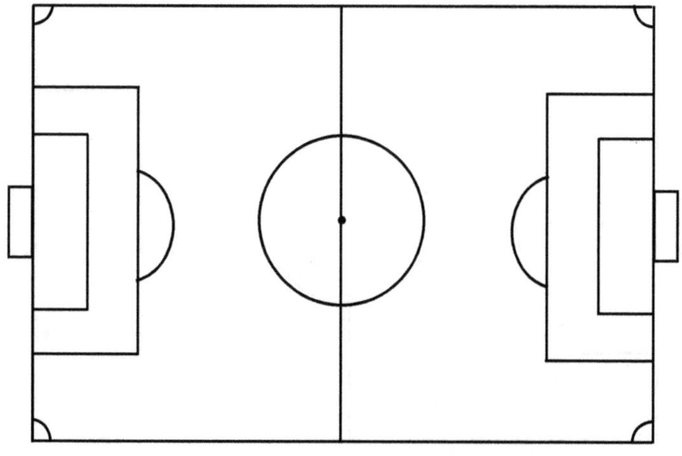

Número de jugadores: ________**Número de balones:** ________

Material necesario: ____________________________________

Objetivos:____

____

____

Descripción del ejercicio:

____

____

____

____

____

____

____

____

______________________________**Duración** _______ minutos

Otros datos sobre la realización del ejercicio (Intensidad, series, repeticiones, etc.):

____

____

Mi ejercicio Núm. ____

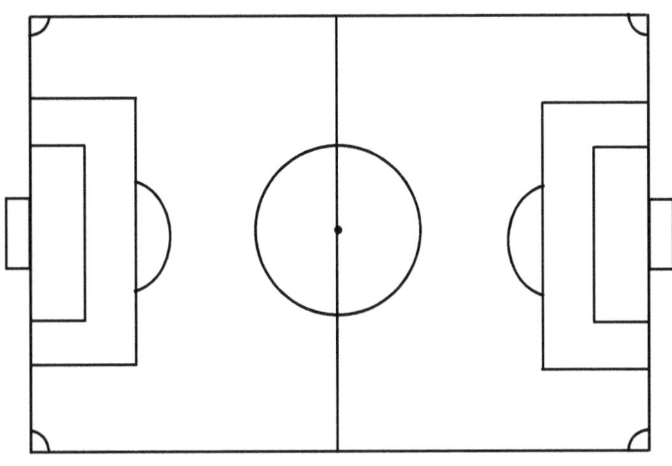

Número de jugadores: ________**Número de balones**: ________

Material necesario: ____

Objetivos:____

____

____

Descripción del ejercicio:

____

____

____

____

____

____

____

____

____**Duración** _______ minutos

Otros datos sobre la realización del ejercicio (Intensidad, series, repeticiones, etc.):

____

____

Mi ejercicio Núm. ____

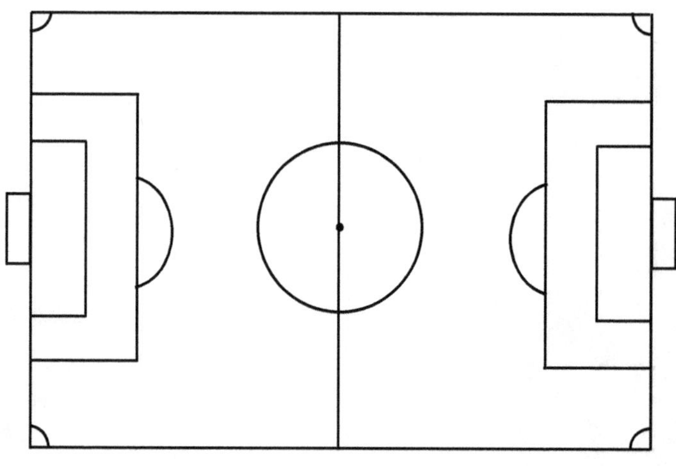

Número de jugadores: ________**Número de balones:** ________

Material necesario: ____________________________________

Objetivos:____

____

____

Descripción del ejercicio:

____

____

____

____

____

____

____

____

____________________________________**Duración** _______ minutos

Otros datos sobre la realización del ejercicio (Intensidad, series, repeticiones, etc.):

____

____

Mi ejercicio Núm. ____

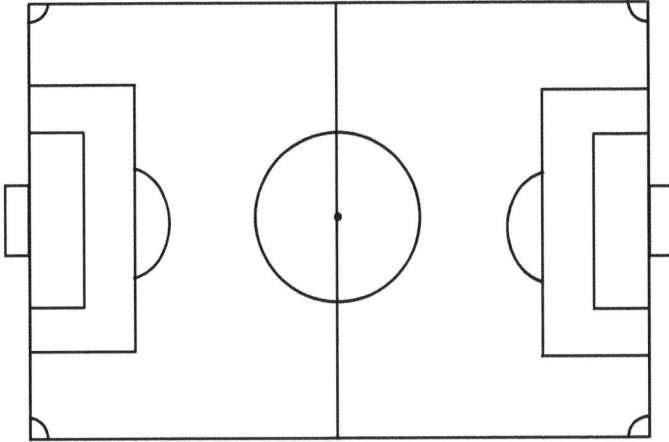

Número de jugadores: ________**Número de balones:** ________

Material necesario: ____________________________________

Objetivos:____

____

____

Descripción del ejercicio:

____

____

____

____

____

____

____

____

____________________________________**Duración** _______ minutos

Otros datos sobre la realización del ejercicio (Intensidad, series, repeticiones, etc.):

____

____

Mi ejercicio Núm. ____

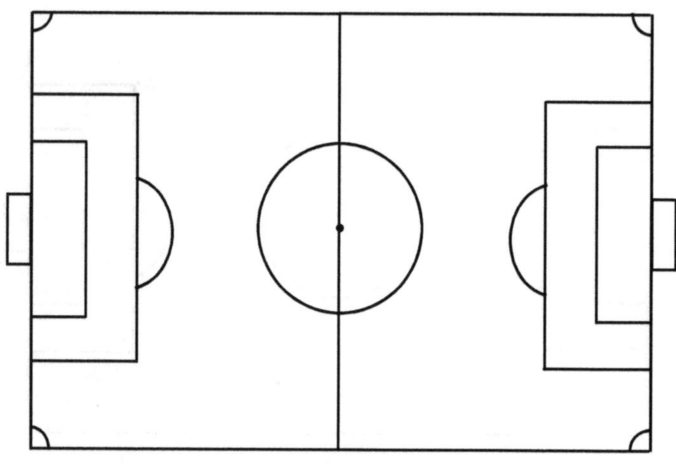

Número de jugadores: ________**Número de balones:** ________

Material necesario: ______________________________________

Objetivos:____

____

____

Descripción del ejercicio:

____

____

____

____

____

____

____

____

______________________________________**Duración** _______ minutos

Otros datos sobre la realización del ejercicio (Intensidad, series, repeticiones, etc.):

____

____

Mi ejercicio Núm. ____

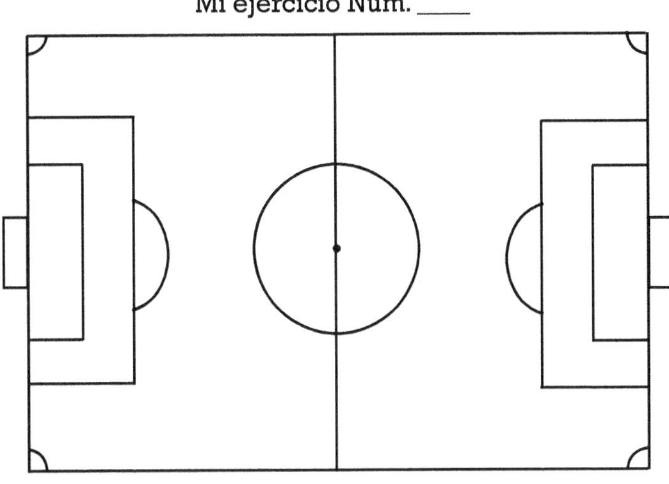

Número de jugadores: ________**Número de balones:** ________

Material necesario: ____

Objetivos:____

____

____

Descripción del ejercicio:

____

____

____

____

____

____

____

____

________________________________**Duración** _______ minutos

Otros datos sobre la realización del ejercicio (Intensidad, series, repeticiones, etc.):

____

____

Mi ejercicio Núm.

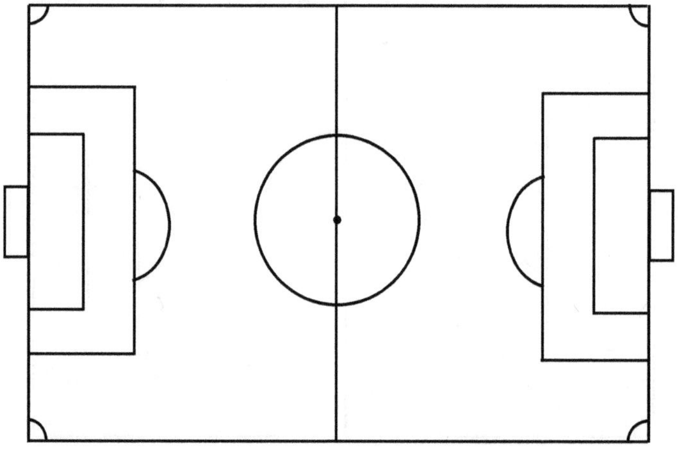

Número de jugadores: ________**Número de balones**: ________

Material necesario: ____

Objetivos:____

____

____

Descripción del ejercicio:

____

____

____

____

____

____

____

____

________________________________**Duración** _______ minutos

Otros datos sobre la realización del ejercicio (Intensidad, series, repeticiones, etc.):

____

____

Mi ejercicio Núm. ____

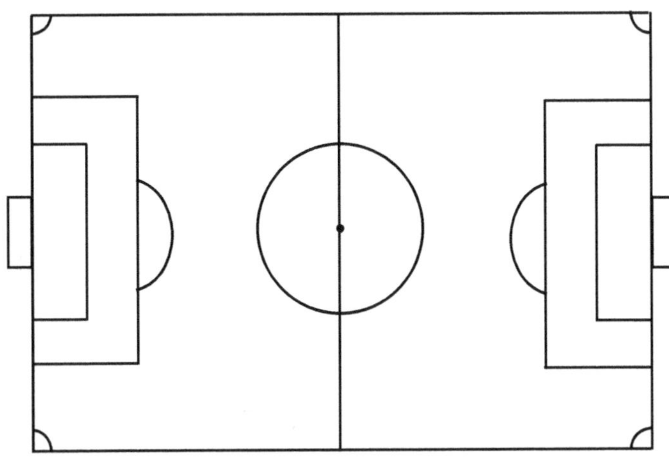

Número de jugadores: ________**Número de balones**: ________

Material necesario: ____

Objetivos:____

____

____

Descripción del ejercicio:

____

____

____

____

____

____

____

____

________________________________**Duración** _______ minutos

Otros datos sobre la realización del ejercicio (Intensidad, series, repeticiones, etc.):

____

____

Mi ejercicio Núm. ____

24 metros

12 metros

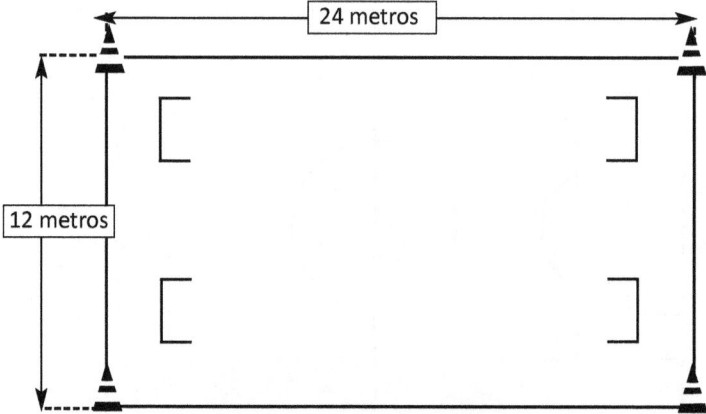

Número de jugadores: **8**

Espacio: **24 metros de largo x 12 metros de ancho.**

Material necesario: **4 porterías pequeñas (0,75 m. de alto x 1,5 m. de ancho) y 4 pivotes de caucho para delimitación del espacio.**

Número de balones: ________.

Objetivos:____

____

____

Descripción del ejercicio:

____

____

____

____

____

____

____

____

________________________________**Duración** _______ minutos

Otros datos sobre la realización del ejercicio (Intensidad, series, repeticiones, etc.):

____

____

Mi ejercicio Núm. ____

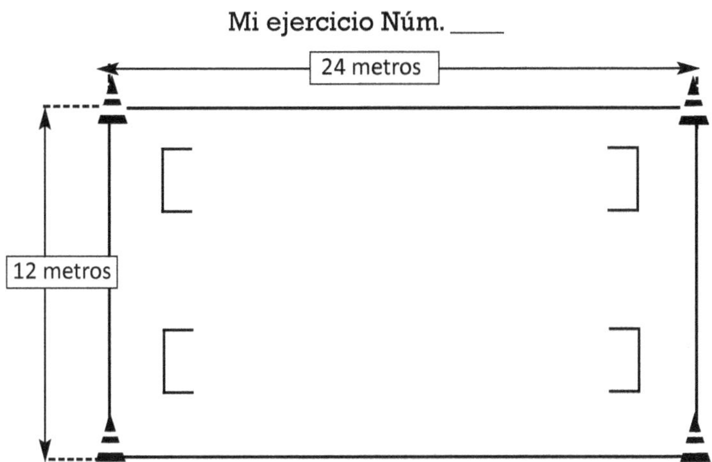

Número de jugadores: **8**

Espacio: **24 metros de largo x 12 metros de ancho.**

Material necesario: **4 porterías pequeñas (0,75 m. de alto x 1,5 m. de ancho) y 4 pivotes de caucho para delimitación del espacio.**

Número de balones: ________.

Objetivos:____

____

____

Descripción del ejercicio:

____

____

____

____

____

____

____

____

____**Duración** _______ minutos

Otros datos sobre la realización del ejercicio (Intensidad, series, repeticiones, etc.):

____

____

Mi ejercicio Núm. ____

24 metros

12 metros

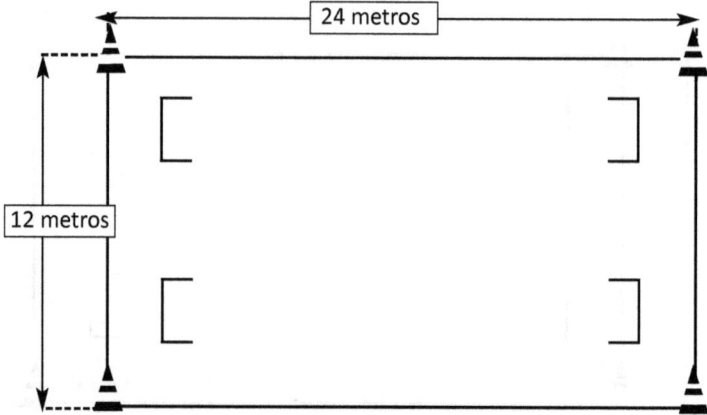

Número de jugadores: **8**

Espacio: **24 metros de largo x 12 metros de ancho.**

Material necesario: **4 porterías pequeñas (0,75 m. de alto x 1,5 m. de ancho) y 4 pivotes de caucho para delimitación del espacio.**

Número de balones: ________.

Objetivos:____

____

____

Descripción del ejercicio:

____

____

____

____

____

____

____

____

______________________________________ **Duración** ________ minutos

Otros datos sobre la realización del ejercicio (Intensidad, series, repeticiones, etc.):

____

____

Mi ejercicio Núm. ____

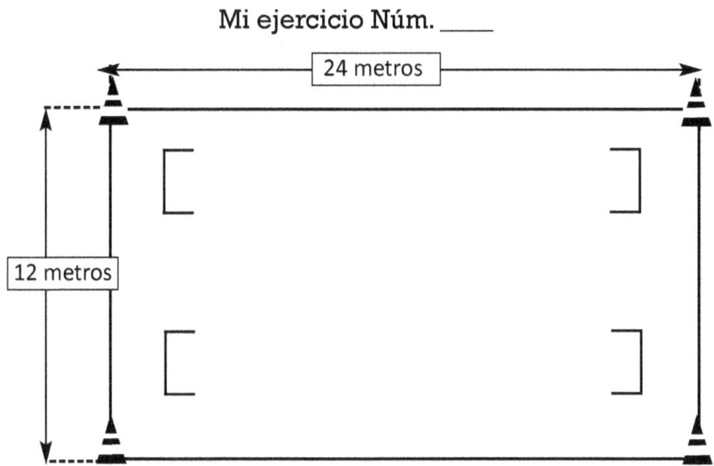

Número de jugadores: **8**

Espacio**: 24 metros de largo x 12 metros de ancho.**

Material necesario: **4 porterías pequeñas (0,75 m. de alto x 1,5 m. de ancho) y 4 pivotes de caucho para delimitación del espacio.**

Número de balones: ________.

Objetivos:____

____

____

Descripción del ejercicio:

____

____

____

____

____

____

____

____

______________________________________**Duración** _______ minutos

Otros datos sobre la realización del ejercicio (Intensidad, series, repeticiones, etc.):

____

____

Mi ejercicio Núm. ____

24 metros

12 metros

Número de jugadores: **8**

Espacio: **24 metros de largo x 12 metros de ancho.**

Material necesario: **4 porterías pequeñas (0,75 m. de alto x 1,5 m. de ancho) y 4 pivotes de caucho para delimitación del espacio.**

Número de balones: ________.

Objetivos:____

____

____

Descripción del ejercicio:

____

____

____

____

____

____

____

____

____________________________________**Duración** ________ minutos

Otros datos sobre la realización del ejercicio (Intensidad, series, repeticiones, etc.):

____

____

Mi ejercicio Núm. ____

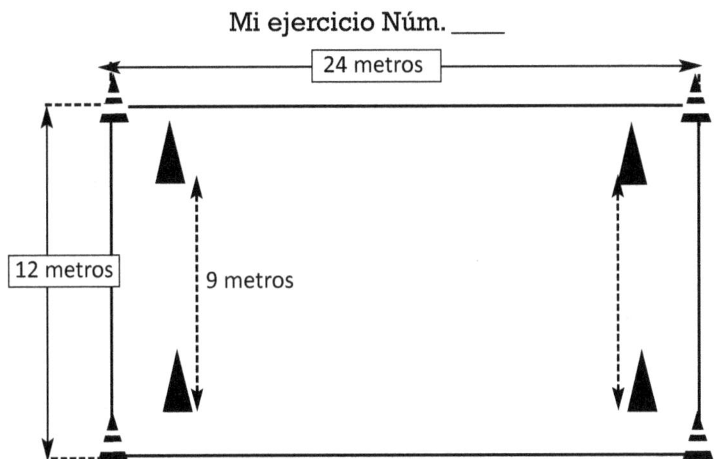

Número de jugadores: **10**

Espacio**: 24 metros de largo x 12 metros de ancho.**

Material necesario: **4 porterías pequeñas (0,75 m. de alto x 1,5 m. de ancho) y 4 pivotes de caucho para delimitación del espacio. 4 pivotes de caucho azules para 2 porterías de 9 metros de ancho.**

Número de balones: ________.

Objetivos:____

____

____

Descripción del ejercicio:

____

____

____

____

____

____

____

________________________________**Duración** _______ minutos

Otros datos sobre la realización del ejercicio (Intensidad, series, repeticiones, etc.):

____

____

Mi ejercicio Núm. ____

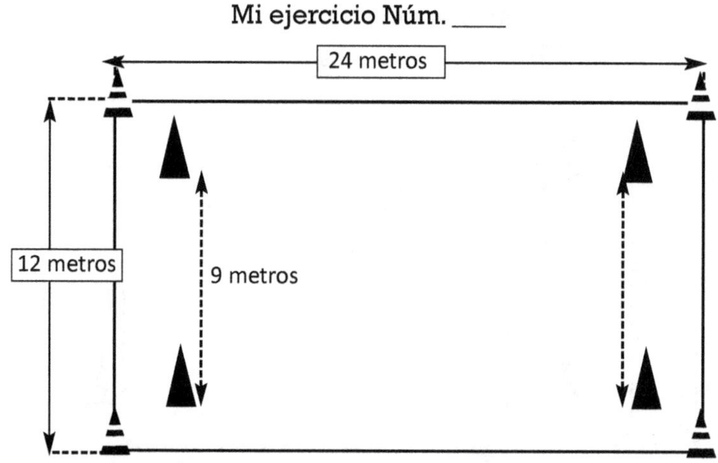

Número de jugadores: **10**

Espacio: **24 metros de largo x 12 metros de ancho.**

Material necesario: **4 porterías pequeñas (0,75 m. de alto x 1,5 m. de ancho) y 4 pivotes de caucho para delimitación del espacio. 4 pivotes de caucho azules para 2 porterías de 9 metros de ancho.**

Número de balones: ________.

Objetivos:____

____

____

Descripción del ejercicio:

____

____

____

____

____

____

____

________________________________**Duración** _______ minutos

Otros datos sobre la realización del ejercicio (Intensidad, series, repeticiones, etc.):

____

____

Mi ejercicio Núm. ____

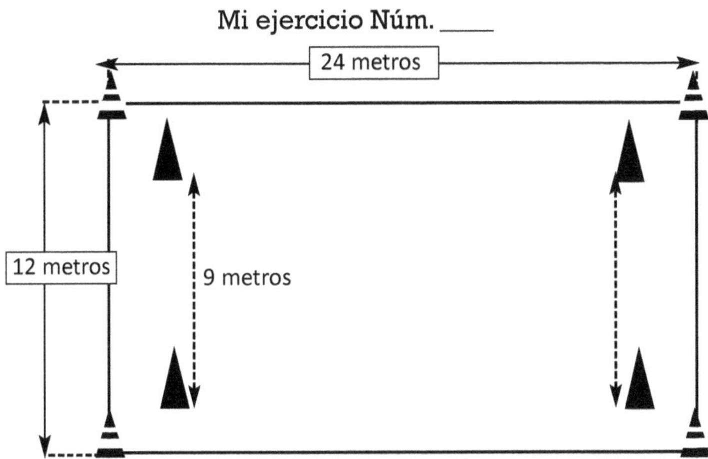

Número de jugadores: **10**

Espacio: **24 metros de largo x 12 metros de ancho.**

Material necesario: **4 porterías pequeñas (0,75 m. de alto x 1,5 m. de ancho) y 4 pivotes de caucho para delimitación del espacio. 4 pivotes de caucho azules para 2 porterías de 9 metros de ancho.**

Número de balones: ________.

Objetivos:____

____

____

Descripción del ejercicio:

____

____

____

____

____

____

____

______________________________________**Duración** _______ minutos

Otros datos sobre la realización del ejercicio (Intensidad, series, repeticiones, etc.):

____

____

Mi ejercicio Núm. ____

24 metros

12 metros

9 metros

Número de jugadores: **10**

Espacio: **24 metros de largo x 12 metros de ancho.**

Material necesario: **4 porterías pequeñas (0,75 m. de alto x 1,5 m. de ancho) y 4 pivotes de caucho para delimitación del espacio. 4 pivotes de caucho azules para 2 porterías de 9 metros de ancho.**

Número de balones: ________.

Objetivos:____

____

____

Descripción del ejercicio:

____

____

____

____

____

____

____

______________________________**Duración** _______ minutos

Otros datos sobre la realización del ejercicio (Intensidad, series, repeticiones, etc.):

____

____

Mi ejercicio Núm. ____

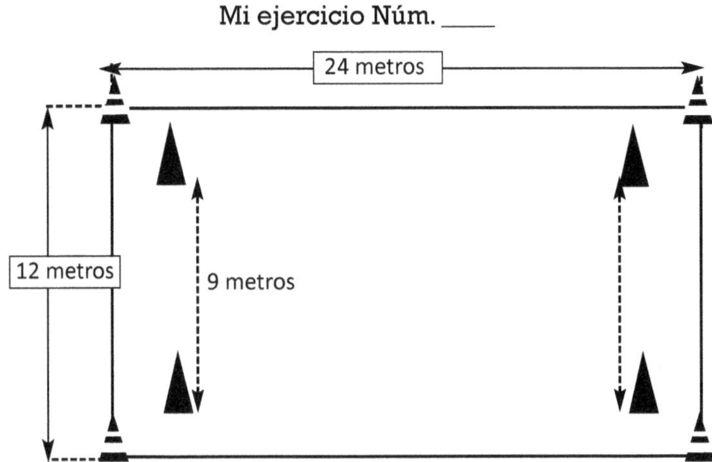

Número de jugadores: **10**

Espacio: **24 metros de largo x 12 metros de ancho.**

Material necesario: **4 porterías pequeñas (0,75 m. de alto x 1,5 m. de ancho) y 4 pivotes de caucho para delimitación del espacio. 4 pivotes de caucho azules para 2 porterías de 9 metros de ancho.**

Número de balones: ________.

Objetivos:____

____

____

Descripción del ejercicio:

____

____

____

____

____

____

______________**Duración** ________ minutos

Otros datos sobre la realización del ejercicio (Intensidad, series, repeticiones, etc.):

____

____

Mi ejercicio Núm. ____

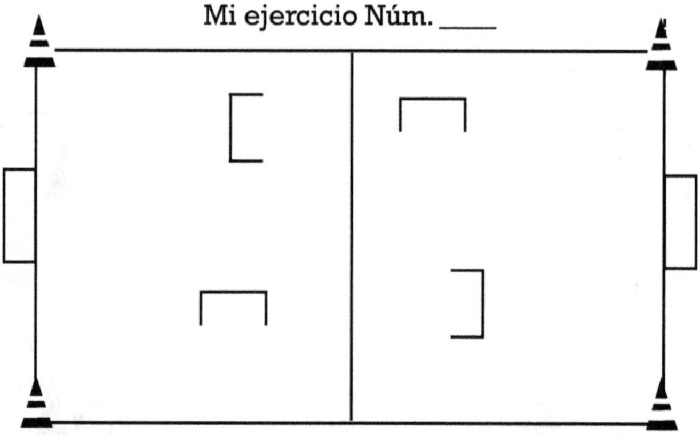

Número de jugadores: **12/14**

Espacio**: 50 metros de largo x 30 metros de ancho.**

Material necesario:**2 porterías reglamentarias. 4 porterías pequeñas (0,75 m. de alto x 1,5 m. de ancho) y 4 pivotes de caucho para delimitación del espacio.** Número de balones: ________.

Objetivos:____

____

____

Descripción del ejercicio:

Objetivos:____

____

____

Descripción del ejercicio:

____

____

____

____

____

______________________________________**Duración** _______ minutos

Otros datos sobre la realización del ejercicio (Intensidad, series, repeticiones, etc.):

____

____

Mi ejercicio Núm.____

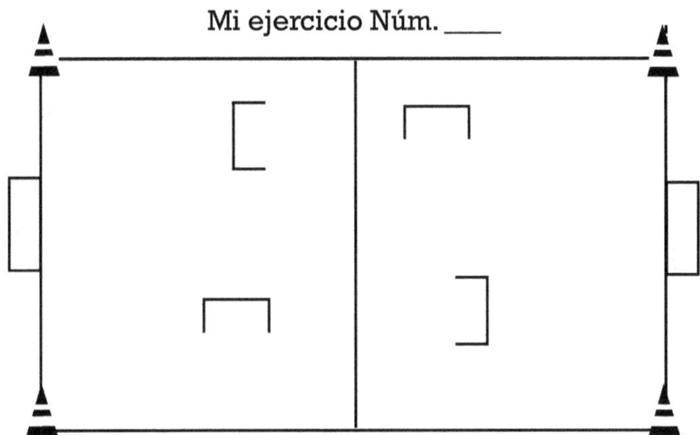

Número de jugadores: **12/14**

Espacio: **50 metros de largo x 30 metros de ancho.**

Material necesario:**2 porterías reglamentarias. 4 porterías pequeñas (0,75 m. de alto x 1,5 m. de ancho) y 4 pivotes de caucho para delimitación del espacio.** Número de balones: ________.

Objetivos:____

Descripción del ejercicio:

Objetivos:____

Descripción del ejercicio:

Duración _______ minutos

Otros datos sobre la realización del ejercicio (Intensidad, series, repeticiones, etc.):

Mi ejercicio Núm. ____

Número de jugadores: **12/14**

Espacio: **50 metros de largo x 30 metros de ancho.**

Material necesario:**2 porterías reglamentarias. 4 porterías pequeñas (0,75 m. de alto x 1,5 m. de ancho) y 4 pivotes de caucho para delimitación del espacio.** Número de balones: ________.

Objetivos:____

____

____

Descripción del ejercicio:

Objetivos:____

____

____

Descripción del ejercicio:

____

____

____

____

____

____**Duración** ________ minutos

Otros datos sobre la realización del ejercicio (Intensidad, series, repeticiones, etc.):

____

____

Mi ejercicio Núm. ____

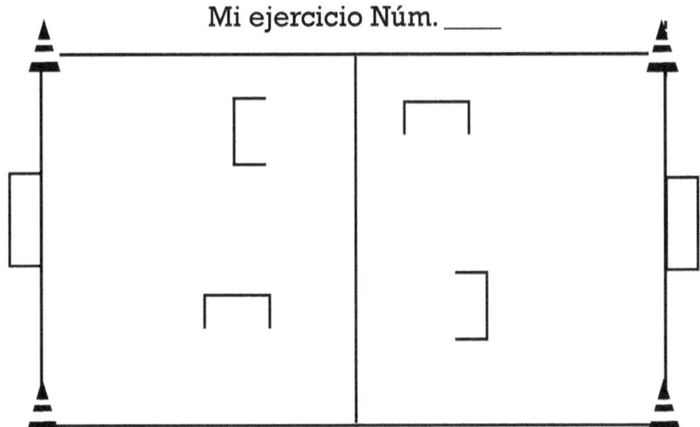

Número de jugadores: **12/14**

Espacio: **50 metros de largo x 30 metros de ancho.**

Material necesario:**2 porterías reglamentarias. 4 porterías pequeñas (0,75 m. de alto x 1,5 m. de ancho) y 4 pivotes de caucho para delimitación del espacio.** Número de balones: ________.

Objetivos:____

____

____

Descripción del ejercicio:

Objetivos:____

____

____

Descripción del ejercicio:

____

____

____

____

____

________________________________ **Duración** _______ minutos

Otros datos sobre la realización del ejercicio (Intensidad, series, repeticiones, etc.):

____

____

Mi ejercicio Núm. ____

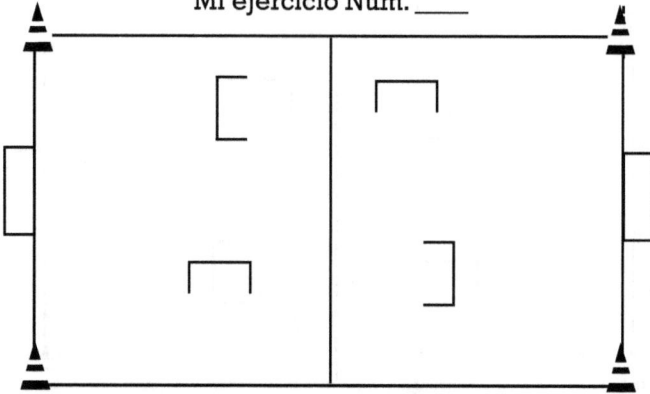

Número de jugadores: **12/14**

Espacio: **50 metros de largo x 30 metros de ancho.**

Material necesario:**2 porterías reglamentarias. 4 porterías pequeñas (0,75 m. de alto x 1,5 m. de ancho) y 4 pivotes de caucho para delimitación del espacio.** Número de balones: ________.

Objetivos:____

____

____

Descripción del ejercicio:

Objetivos:____

____

____

Descripción del ejercicio:

____

____

____

____

____

____**Duración** _______ minutos

Otros datos sobre la realización del ejercicio (Intensidad, series, repeticiones, etc.):

____

____

Mi ejercicio Núm. ____

Número de jugadores: **6**

Espacio: **15 x 15 metros .**

Material necesario:**4 pivotes de caucho para delimitación del espacio**

Número de balones: ________

Objetivos:____

____

____

Descripción del ejercicio:

____

____

____

____

____

____

____

______________________________**Duración** _______ minutos

Otros datos sobre la realización del ejercicio (Intensidad, series, repeticiones, etc.):

____

____

Mi ejercicio Núm. ____

Número de jugadores: **6**

Espacio**: 15 x 15 metros .**

Material necesario:**4 pivotes de caucho para delimitación del espacio**

Número de balones: ________

Objetivos:____

____

____

Descripción del ejercicio:

____

____

____

____

____

____

____

______________________________**Duración** _______ minutos

Otros datos sobre la realización del ejercicio (Intensidad, series, repeticiones, etc.):

____

____

Mi ejercicio Núm. ____

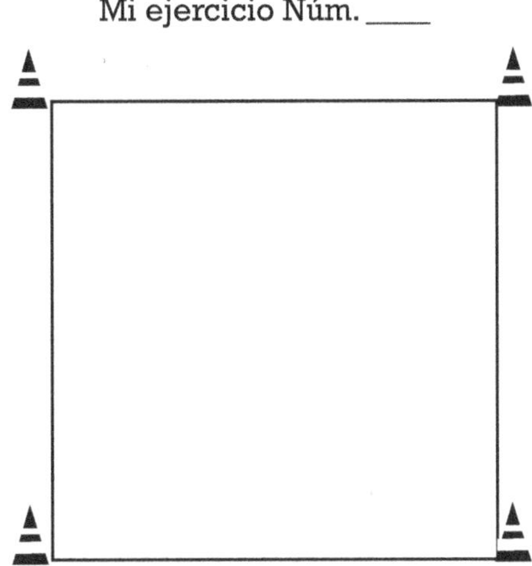

Número de jugadores: **6**

Espacio**: 15 x 15 metros.**

Material necesario:**4 pivotes de caucho para delimitación del espacio**

Número de balones: ________

Objetivos:____

____

____

Descripción del ejercicio:

____

____

____

____

____

____

____

______________________________**Duración** _______ minutos

Otros datos sobre la realización del ejercicio (Intensidad, series, repeticiones, etc.):

____

____

Mi ejercicio Núm. ____

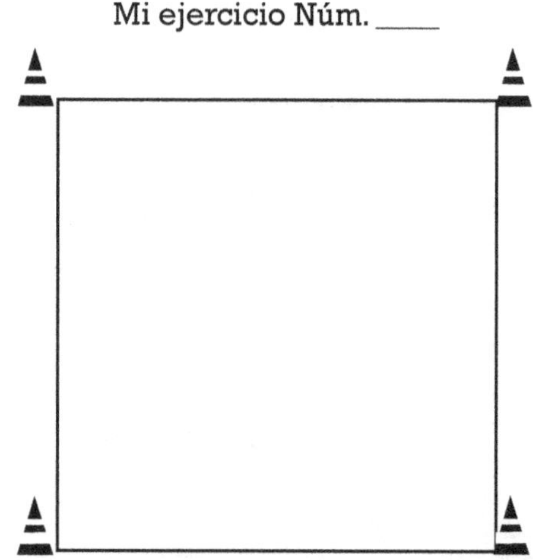

Número de jugadores: **6**

Espacio**: 15 x 15 metros**

Material necesario:**4 pivotes de caucho para delimitación del espacio**

Número de balones: ________

Objetivos:____

____

____

Descripción del ejercicio:

____

____

____

____

____

____

____

______________________________**Duración** _______ minutos

Otros datos sobre la realización del ejercicio (Intensidad, series, repeticiones, etc.):

____

____

Mi ejercicio Núm. ____

Número de jugadores: **6**

Espacio**: 15 x 15 metros .**

Material necesario:**4 pivotes de caucho para delimitación del espacio**

Número de balones: ________

Objetivos:____

____

____

Descripción del ejercicio:

____

____

____

____

____

____

____

________________________________**Duración** _______ minutos

Otros datos sobre la realización del ejercicio (Intensidad, series, repeticiones, etc.):

____

____

Mi ejercicio Núm. ____

Número de jugadores:________ Número de balones: ________
Material necesario:____

Objetivos:____

____

____

Descripción del ejercicio:

____

____

____

____

____

____

____

______________________________________**Duración** _______ minutos

Otros datos sobre la realización del ejercicio (Intensidad, series, repeticiones, etc.):

____

____

Mi ejercicio Núm. ____

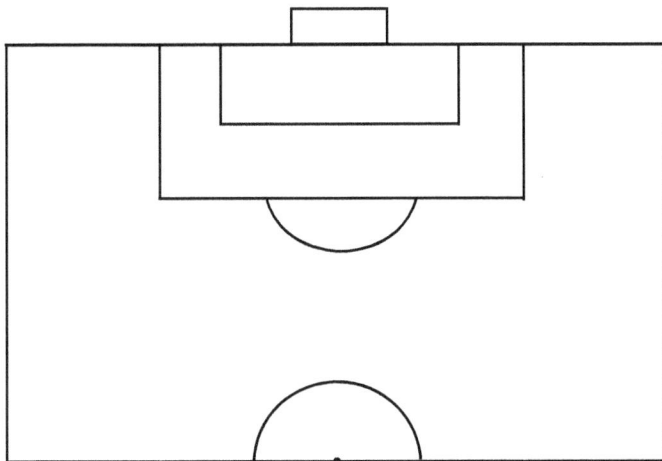

Número de jugadores:________ Número de balones: ________

Material necesario:____

Objetivos:____

____

____

Descripción del ejercicio:

____

____

____

____

____

____

____

______________________________________**Duración** _______ minutos

Otros datos sobre la realización del ejercicio (Intensidad, series, repeticiones, etc.):

____

____

Mi ejercicio Núm. ____

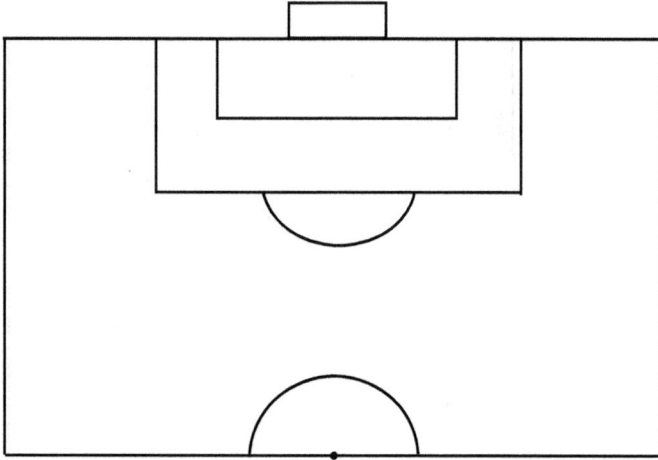

Número de jugadores:________ Número de balones: ________

Material necesario:____

Objetivos:____

____

____

Descripción del ejercicio:

____

____

____

____

____

____

____

______________________________________**Duración** _______ minutos

Otros datos sobre la realización del ejercicio (Intensidad, series, repeticiones, etc.):

____

____

Mi ejercicio Núm. ____

Número de jugadores:________ Número de balones: ________

Material necesario:____

Objetivos:____

____

____

Descripción del ejercicio:

____

____

____

____

____

____

____

____**Duración** _______ minutos

Otros datos sobre la realización del ejercicio (Intensidad, series, repeticiones, etc.):

____

____

Mi ejercicio Núm. ____

Número de jugadores:________ Número de balones: ________

Material necesario:____

Objetivos:____

____

____

Descripción del ejercicio:

____

____

____

____

____

____

____

________________________________**Duración** _______ minutos

Otros datos sobre la realización del ejercicio (Intensidad, series, repeticiones, etc.):

____

____

Mi ejercicio Núm. ____

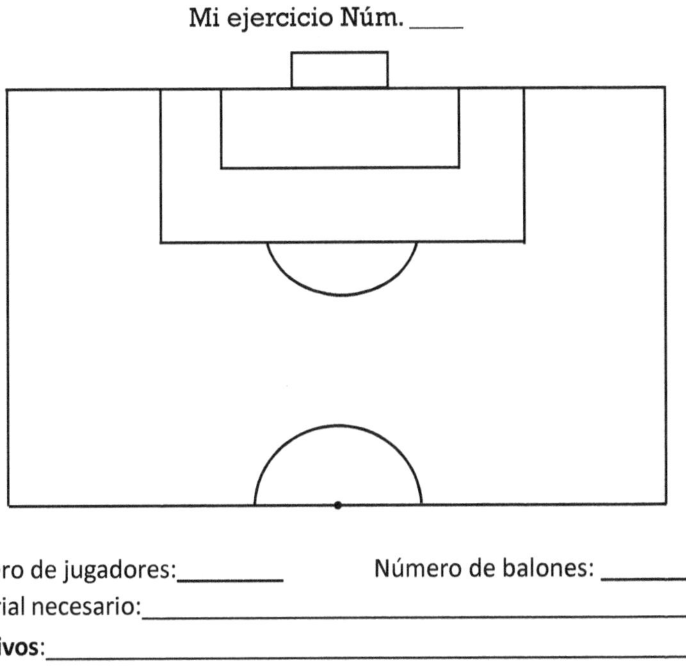

Número de jugadores:________ Número de balones: ________

Material necesario:____

Objetivos:____

____

____

Descripción del ejercicio:

____

____

____

____

____

____

____

___________________________________**Duración** _______ minutos

Otros datos sobre la realización del ejercicio (Intensidad, series, repeticiones, etc.):

____

____

Mi ejercicio Núm. ____

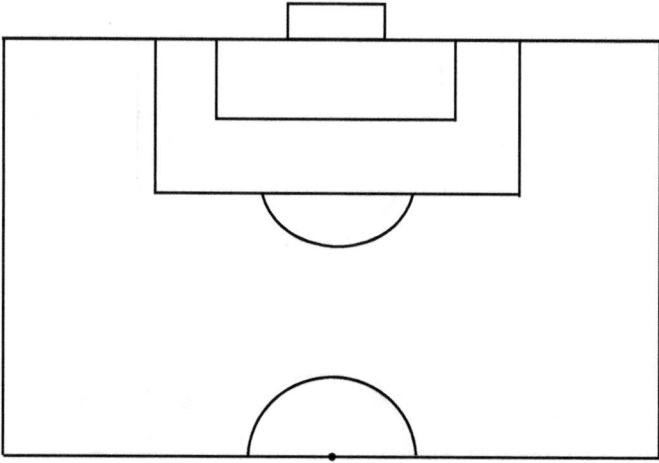

Número de jugadores:________ Número de balones: ________

Material necesario:____

Objetivos:____

____

____

Descripción del ejercicio:

____

____

____

____

____

____

____

____________________________________**Duración** _______ minutos

Otros datos sobre la realización del ejercicio (Intensidad, series, repeticiones, etc.):

____

____

Mi ejercicio Núm. ____

Número de jugadores:________ Número de balones: ________

Material necesario:____

Objetivos:____

____

____

Descripción del ejercicio:

____

____

____

____

____

____

____

______________________________________**Duración** _______ minutos

Otros datos sobre la realización del ejercicio (Intensidad, series, repeticiones, etc.):

____

____

Mi ejercicio Núm. ____

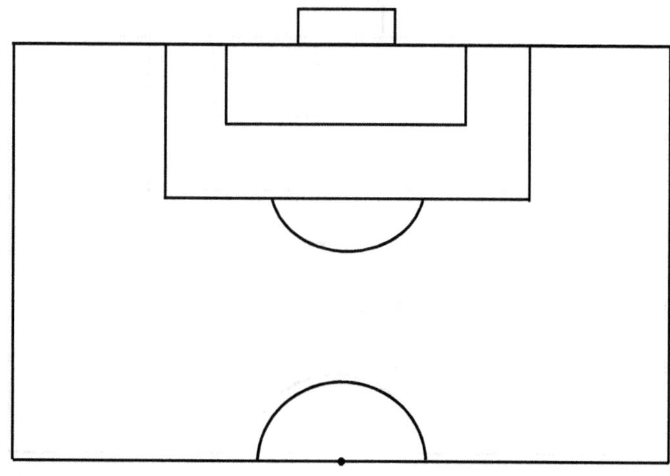

Número de jugadores:________ Número de balones: ________

Material necesario:____

Objetivos:____

____

____

Descripción del ejercicio:

____

____

____

____

____

____

____

____**Duración** _______ minutos

Otros datos sobre la realización del ejercicio (Intensidad, series, repeticiones, etc.):

____

____

Mi ejercicio Núm. ____

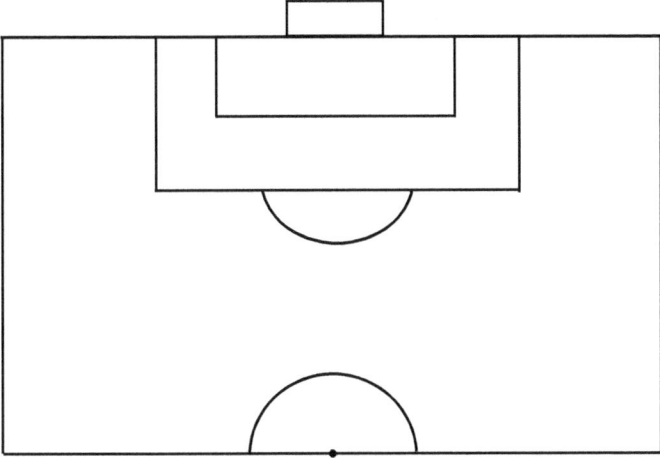

Número de jugadores:________ Número de balones: ________

Material necesario:____

Objetivos:____

____

____

Descripción del ejercicio:

____

____

____

____

____

____

____

____**Duración** _______ minutos

Otros datos sobre la realización del ejercicio (Intensidad, series, repeticiones, etc.):

____

____

■

BIBLIOGRAFÍA

WANCEULEN FERRER, Antonio; WANCEULEN MORENO, Antonio y WANCEULEN MORENO, Jose F. (2008). *Bases para el proceso de selección y formación de jóvenes futbolistas para el alto rendimiento*. Sevilla, Ed. Wanceulen.

WANCEULEN FERRER, Antonio; WANCEULEN MORENO, Antonio y WANCEULEN MORENO, Jose F. *Como construir con éxito una plantilla de fútbol base en un club de élite*. Editorial Wanceulen. Sevilla, 2011.

WANCEULEN FERRER, Antonio; WANCEULEN MORENO, Antonio y WANCEULEN MORENO, Jose F. *Sistemas de juego en fútbol–7"* Editorial Wanceulen. Sevilla, 2011.

WANCEULEN FERRER, Antonio; WANCEULEN MORENO, Antonio y WANCEULEN MORENO, Jose F. *Valoración táctica del futbolista*. Editorial Wanceulen. Sevilla, 2011.

BERNAL RUIZ, Javier A. WANCEULEN MORENO, Antonio y WANCEULEN MORENO, Jose F. *Organización y desarrollo de un campus de fútbol base. Fútbol: Cuadernos Técnicos n.º 34* Ed. Wanceulen. Sevilla, 1997.

WANCEULEN FERRER, Antonio; VALENZUELA LOZANO, Miguel; WANCEULEN MORENO, Antonio y WANCEULEN MORENO, Jose F. *Fútbol formativo: aspectos metodológicos*. Editorial Wanceulen. Sevilla, 2011.

WANCEULEN FERRER, Antonio; VALENZUELA LOZANO, Miguel; WANCEULEN MORENO, Antonio y WANCEULEN MORENO, Jose F. *Organización del fútbol formativo: en un club de élite*. Editorial Wanceulen. Sevilla, 2011.

WANCEULEN FERRER, Antonio. *El Fútbol como medio educativo: sus posibilidades en el desarrollo de los valores humanos. Fútbol: Cuadernos Técnicos n.º 13*. Wanceulen Editorial Deportiva. Sevilla, 2003.

WANCEULEN FERRER, Antonio (1982) *Las Escuelas de Fútbol*. Madrid, Ed.Esteban Sanz.

WANCEULEN FERRER, Antonio *Las Escuelas de Fútbol. El Entrenador Español*. Ed. Comité Nacional de Entrenadores de Fútbol. Madrid, 1982.

WANCEULEN FERRER, Antonio. *Las Escuelas de Fútbol: Pasado, Presente y Futuro». Fútbol: Cuadernos Técnicos n.º 1*. Wanceulen Editorial Deportiva. Sevilla, 2002.

WANCEULEN FERRER, Antonio y DEL PINO VIÑUELA, Jose Emilio (1997). *Fichas teóricas: funciones específicas por puestos. Fútbol: Cuadernos Técnicos n.º 16*. Wanceulen Editorial Deportiva. Sevilla, 2004.

WANCEULEN FERRER, Antonio; WANCEULEN MORENO, Antonio y WANCEULEN MORENO, Jose F. (2008). B*ases para el proceso de selección y formación de jóvenes futbolistas para el alto rendimiento*. Sevilla, Wanceulen Editorial Deportiva.

WANCEULEN FERRER, Antonio; WANCEULEN MORENO, Antonio y WANCEULEN MORENO, Jose F. *Bases para la detección y selección de talentos para el fútbol de alto rendimiento. Fútbol: Cuadernos Técnicos n.º 12*. Wanceulen Editorial Deportiva. Sevilla, 2003.

WANCEULEN FERRER, Antonio; WANCEULEN MORENO, Antonio y WANCEULEN MORENO, Jose F. *El perfil del joven futbolista para el alto rendimiento. Fútbol: Cuadernos Técnicos n.º 36*. Wanceulen Editorial Deportiva. Sevilla, 2007.

WANCEULEN FERRER, Antonio; WANCEULEN MORENO, Antonio y WANCEULEN MORENO, Jose F. *El proceso de selección y formación del joven futbolista. Fútbol: Cuadernos Técnicos n.º 37.* Wanceulen Editorial Deportiva. Sevilla, 2007.

WANCEULEN FERRER, Antonio; WANCEULEN MORENO, Antonio y WANCEULEN MORENO, Jose F. *Enseñar a competir. Filosofía del proyecto formativo. Fútbol: Cuadernos Técnicos n.º 36*. Wanceulen Editorial Deportiva. Sevilla, 2007.

WANCEULEN MORENO, Antonio. *Estructuración Metodológica de la sesión de entrenamiento en el fútbol base». Fútbol: Cuadernos Técnicos n.º 7*. Wanceulen Editorial Deportiva. Sevilla, 2003.

WANCEULEN FERRER, Antonio; WANCEULEN MORENO, Antonio y WANCEULEN MORENO, Jose F. *La competición en el joven futbolista : visiones positiva y negativa. Fútbol: Cuadernos Técnicos n.º 39*. Wanceulen Editorial Deportiva. Sevilla, 2007.

WANCEULEN MORENO, Antonio. *La determinación de objetivos y la secuenciación de contenidos técnico-tácticos en las distintas etapas formativas en la estructura de cantera de un club de fútbol de élite. Fútbol: Cuadernos Técnicos n.º 18*. Wanceulen Editorial Deportiva. Sevilla, 2004.

WANCEULEN FERRER, Antonio; WANCEULEN MORENO, Antonio y WANCEULEN MORENO, Jose F. *Los factores socio-ambientales en el pro ceso de selección y formación de jóvenes futbolistas. Fútbol: Cuadernos Técnicos n.º 38*. Wanceulen Editorial Deportiva. Sevilla, 2007.

WANCEULEN FERRER, Antonio; WANCEULEN MORENO, Antonio y WANCEULEN MORENO, Jose F. *Metodología global y metodología analítica : su aplicación al proceso de enseñanaza-aprendizaje de la técnica y táctica del fútbol. Fútbol: Cuadernos Técnicos n.º 12*. Wanceulen Editorial Deportiva. Sevilla, 2003.

WANCEULEN MORENO, Antonio (1997) *Estructuración Metodológica de la sesión de entrenamiento en el fútbol base. Fútbol: Cuadernos Técnicos n.º 7* Ed. Wanceulen. Sevilla, 1997.

www.ingramcontent.com/pod-product-compliance
Lightning Source LLC
Chambersburg PA
CBHW052010090426
42741CB00008B/1634

* 9 7 8 8 4 9 9 9 3 3 7 1 9 *